RosettaStone®
Language Learning   Success

Curriculum Text

| Spanish | Level 2 |

TRS-ESP2-4.0

ISBN 1-883972-51-5

Fairfield Language Technologies
135 West Market Street
Harrisonburg, Virginia 22801 USA

Telephone: 540-432-6166 or 800-788-0822 in U.S. and Canada
Fax: 540-432-0953
E-mail: info@RosettaStone.com
Web site: www.RosettaStone.com

Contenido

PARTE DIECINUEVE: REFERENCIAS

TEXTO

01   Estas flores son del mismo color.
Estas flores son de colores diferentes.
Estos peces son del mismo tipo.
Estos peces son de tipos diferentes.

02   Los niños están saltando en el mismo momento.
Los niños están saltando en momentos diferentes.
Estos dos artículos de ropa son de la misma tela.
Estos dos artículos de ropa son de telas diferentes.

03   Estas piezas de metal son de la misma forma.
Estas piezas de metal son de formas diferentes.
Estos animales son de especies diferentes.
Estos animales son de la misma especie.

04   Estas personas son de la misma altura. Ambas miden un metro con 70 centímetros.
Estas personas son de alturas diferentes. Una persona es más alta que la otra.
Estos vehículos son del mismo tipo.
Estos vehículos son de tipos diferentes.

05   Estas personas tienen ojos del mismo color.
Estas personas tienen ojos de colores diferentes.
Estas ruedas son del mismo tamaño.
Estas ruedas son de tamaños diferentes.

06   Estas personas son del mismo género. Todas son del género masculino.
Estas personas son de géneros diferentes. Una persona es del género masculino y la otra es del género femenino.
Los niveles de agua en estos recipientes son iguales.
Los niveles de agua en estos recipientes son diferentes.

07   Estos libros son del mismo grosor.
Estos libros son de grosores diferentes.
Hay diferentes cantidades de agua en estos dos recipientes.
Hay la misma cantidad de agua en estos dos recipientes.

08   Estas personas van en la misma dirección.
Estas personas van en direcciones diferentes.
Estos líquidos son del mismo tipo.
Estos líquidos son de tipos diferentes.

09   Estas personas son de la misma edad. Ambas tienen 20 años.
Estas personas son de edades diferentes. Una persona tiene más años que la otra.
Estos líquidos están en el mismo tipo de recipiente.
Estos líquidos están en tipos de recipientes diferentes.

10   ¿Quiénes son de la misma edad, del mismo género y de la misma altura?
¿Quiénes son de la misma edad y del mismo género, pero de alturas diferentes?
¿Quiénes son de la misma altura y del mismo género, pero de edades diferentes?
¿Quiénes son del mismo género, pero de alturas y edades diferentes?

01   ¿Qué es eso?
Es un puente.

¿Qué es eso?
Es un carro.

¿Qué es esto?
Es una banana.

¿Qué es esto?
Es una hoja de papel.

02   ¿Quién es ella?
Es Susana.

¿Quién es él?
Es Juan.

¿Dónde está mi cuaderno?
Aquí está.

¿Dónde está mi abrigo?
Aquí está.

03   ¿Quién es?
No sé.

¿Dónde estamos?
No sé.

¿Por dónde debemos ir?
No sé. Ella dice por aquí y él dice por ahí.

¿Qué es esto?
No sé.

04   ¿Por qué está mojada ella?
Porque estaba en la piscina.

¿Por qué está en la cama ella?
Porque está durmiendo.

¿Por qué está en la cama ella?
Porque está enferma.

¿Por qué está gritando ella?
Porque siente dolor.

05   ¿Por qué está en la cama?
¡Quién sabe!

¿Qué es eso?
Es una bicicleta.

¿Qué es esto?
¡Quién sabe!

¿Por dónde debo ir?
Usted debe ir por ahí.

06   ¿Cómo se llama usted?
Me llamo Lisa Martínez.

¿Cómo se llama usted?
Me llamo Juan Silva.

¿Adónde va usted?
Voy al supermercado.

¿Adónde va usted?
Voy a dar una vuelta en mi carro.

07   ¿De quién es este carro?
Éste es su carro.

¿De quién es este carro?
Éste es mi carro.

¿De quién es este libro?
Éste es mi libro.

¿De quién es este libro?
No sé.

08   ¿Por dónde debemos ir?
Debemos ir por allá.

¿Qué camisa te gusta?
Me gusta la camisa blanca.

¿Qué pedazo quieres?
Quiero este pedazo.

¿Qué mano escoges?
Escojo ésta.

09   ¿Cómo se deletrea esto?
P Á J A R O

¿Cómo se deletrea esto?
P E R R O

¿Cómo se deletrea esto?
C A R R O

¿Cómo se deletrea esto?
N I Ñ A

10   ¿A qué hora desayuna la gente?
La gente desayuna a las 7:30 de la mañana.

¿A qué hora almuerza la gente?
La gente almuerza al mediodía.

¿A qué hora cena la gente?
La gente cena a las 7:00 de la noche.

¿A qué hora se acuesta la gente?
La gente se acuesta a las 11:00 de la noche.

9-03 Estados y actividades comunes y poco comunes

01 Éste no es el tamaño común de un caballo.
Éste es el tamaño común de un caballo.
El autobús está en un lugar común.
El autobús no está en un lugar común.

02 El pelo de un hombre generalmente es así de largo.
El pelo de un hombre generalmente no es así de largo.
Esta barca está en el lugar común de un barco.
Esta barca no está en el lugar común de un barco.

03 Éste es un color de pelo común en una persona.
Éste es un color de pelo poco común en una persona.
Éste es un color común en las ovejas.
Éste es un color poco común en las ovejas.

04 Ésta es una forma común de transporte.
Ésta no es una forma común de transporte.
un edificio común
un edificio poco común

05 La cara de una persona generalmente se ve así.
La cara de una persona generalmente no se ve así.
Antes ésta era una forma común de viajar.
Ahora ésta es una forma común de viajar.

06 Éste es un tipo de animal común.
Éste es un tipo de animal poco común.
Este tipo de animal está extinguido.
Este tipo de animal es imaginario.

07 Ésta es una piedra poco común.
Ésta es una piedra común.
Éste es un animal poco común.
Éste es un animal común.

08 Éste es un lugar común para trabajar.
Éste es un lugar poco común para trabajar.
Este perro no está vestido. Eso es usual.
Este perro está vestido. Eso es poco común.

09 Él lleva la ropa apropiada para su trabajo de oficina.
Él no lleva la ropa apropiada para su trabajo de oficina.
Él lleva la ropa apropiada para la luna.
Él no lleva la ropa apropiada para la luna.

10 Ésta es una herramienta común, pero no es apropiada para este trabajo.
Ésta es una herramienta común, y es apropiada para este trabajo.
Éste es un lugar común para estudiar.
Éste no es un lugar común para estudiar.

9-04 Formas de trato: formal–informal, singular–plural

01 Señor Márquez, venga y mire esto, por favor.
Por favor, entre.
Perdóneme, ¿es suyo esto?
¿Está bien, señora Santiago?

02 Ven y mira esto.
Entra.
¿Es tuyo esto?
¿Estás bien?

03 Vengan y miren esto.
Entren.
¿Son suyas éstas?
¿Están bien?

04 Vengan y miren esto, por favor.
Entre, por favor.
¿Son suyas éstas?
¿Está bien, señora Ramírez?

05 ¡Ten cuidado!
¡Mira esto!
¡Espérame!
¡Tíramela!

06 ¡Tenga cuidado!
Mire esto.
¡Señor López, espéreme!
Perdóneme, ¿qué hora es?

07 ¿Qué le gustaría pedir, señora?
Tráigame una ensalada, por favor.
¿Quieres la pimienta, Enrique?
Sí. Pásame la pimienta, Carmen.

08 No toques eso. ¡Está caliente!
Ten cuidado con eso. ¡Está afilado!
¿Me pueden ayudar?
¿Me puede decir dónde está el baño?

09 Perdóneme, señor.
Perdóname, mamá.
¿Me lo puedes alcanzar, mamá?
Señor Gómez, ¿me puede alcanzar eso?

10 ¿Me puedes ayudar, Daniel?
Mucho gusto.
Por favor, pasen por aquí.
¿Te puedo ayudar, Susana?

9-05   Vivo–muerto; dormir, soñar, pensar

01   Las hojas están vivas.
Las hojas están muertas.
un elefante vivo
un elefante muerto

02   Este elefante es real, pero está muerto.
Este elefante es real y está vivo.
El pájaro no está muerto ni está vivo. El pájaro no
es real.
Este pájaro es real. Está vivo.

03   El hombre está leyendo un libro.
El hombre está pensando en un libro.
La mujer está comiendo una manzana.
La mujer está pensando en una manzana.

04   Ella está durmiendo. Ella no está soñando.
Ella está soñando.
Él está pensando.
Él está soñando.

05   ¿Está pensando el hombre? Sí, está pensando.
¿Está soñando el hombre? Sí, está soñando.
¿Las personas están vivas? Sí, están vivas.
¿Las personas están muertas? Sí, están muertas.

06   El hombre está pensando en un problema
matemático.
El hombre está pensando en un juego de ajedrez.
La mujer está pensando.
La mujer está hablando.

07   ¿En qué está pensando el hombre?
Él está pensando en ir a pescar.

¿En qué está pensando la mujer?
Ella está pensando en montar a caballo.

¿En qué estás pensando?
Estoy pensando en montar a caballo.

¿En qué estás pensando?
Estoy pensando en ir a pescar.

08   Él está pensando.
Él está trabajando.
Él está soñando.
Él está durmiendo, pero no está soñando.

09   ¿Estas personas están vivas? Sí, están vivas.
¿Estas hojas están vivas? No, están muertas.
¿Están vivas estas personas? No, están muertas.
¿Están vivas estas hojas? Sí, están vivas.

10   Ella se está estirando.
Ella está bostezando.
Ella está durmiendo, pero no está soñando.
Ella está soñando.

9-06   Pronombres personales: singular–plural

01   Yo llevo una camiseta roja. Tú llevas una
camiseta azul.
Tú llevas una camiseta roja. Él lleva una camiseta
verde.
Nosotros llevamos camisetas rojas. Ellos llevan
camisetas verdes.
Ellos llevan camisetas rojas.

02   Yo llevo una camiseta roja.
Tú llevas una camiseta roja.
Nosotros llevamos camisetas rojas.
Ellos llevan camisetas rojas.

03   Ellos están bailando.
Tú estás bailando.
Nosotros estamos bailando.
Ella está bailando.

04   Yo te doy un libro.
Yo le doy un libro a ella.
Ellos le dan un libro a ella.
Ellos nos dan un libro.

05   Yo entro en la tienda.
Tú entras en la tienda.
Nosotros entramos en la tienda.
Ellos entran en la tienda.

06   Yo le doy una chaqueta a él.
Tú le das una chaqueta a él.
Ellas le dan una chaqueta a él.
Nosotras le damos una chaqueta a él.

07   Yo te doy una caja.
Tú les das una caja a ellas.
Él nos da una caja.
Nosotros les damos una caja a ustedes.

08   Ella les da café a ellos.
Él les da café a ellos.
Ella le da una camisa a él.
Ella le da una camisa a ella.

09   Tú me das dinero.
Yo te doy dinero.
Nosotros te damos dinero.
Tú nos das dinero.

10   Tú eres más alto que yo.
Tú eres más alto que ella.
Ustedes dos son de la misma altura.
Ella es más alta que él.

9-07 Querer–necesitar; pronombres de complemento directo e indirecto

01 Ella quiere el café.
Ella no quiere el café.
Él quiere una manzana.
Él no quiere una manzana.

02 Yo necesito una camisa.
Yo necesito unos zapatos.
Yo necesito ayuda con esto.
Tú necesitas esta medicina.

03 un cohete
un pasaporte
dinero
un bastón

04 Se necesita esto para viajar al espacio.
Se necesita esto para viajar a diferentes países.
Se necesita esto para comprar cosas.
Se necesita esto cuando se es mayor.

05 La gente quiere joyas, pero no las necesita.
La gente quiere comida, y la necesita.
La gente a veces necesita medicinas, pero no siempre las quiere.
La gente no necesita basura, y tampoco la quiere.

06 Esto es algo que la gente quiere, pero no necesita.
Esto es algo que la gente quiere, y necesita.
Esto es algo que la gente a veces necesita, pero no siempre quiere.
Esto es algo que la gente no necesita, y tampoco quiere.

07 Ellos le dan el libro a él.
Nosotros le damos el pasaporte a ella.
Ella nos da el pasaporte.
Él les da el libro a ellos.

08 Yo no quiero estos juguetes.
Ellos quieren los juguetes.
¿Quieren los juguetes?
Nosotros queremos los juguetes.

09 Ella necesita una escalera para alcanzar la ventana.
Ella no necesita una escalera para alcanzar la ventana.
Ella quiere darle la toalla.
Ella no quiere darle la toalla.

10 Páseme el abrigo, por favor.
Cárgame, por favor.
Tírame la pelota.
Tírale la pelota.

9-08 Gustar, escoger, ofrecer, adivinar

01 Al niño le gusta el dulce.
A la niña le gusta el dulce.
Al niño no le gusta el dulce.
A la niña no le gusta el dulce.

02 Al muchacho no le gusta el sombrero.
Al muchacho le gusta el sombrero.
A la muchacha no le gusta el vestido.
A la muchacha le gusta el vestido.

03 El hombre está escogiendo algo para comer.
El hombre está escogiendo algo para ponerse.
El hombre está escogiendo algo para leer.
El hombre está escogiendo algo para comprar.

04 Él le ofrece algo.
Él toma algo.
Ella le ofrece algo.
Ella toma algo.

05 Él le ofrece un vaso de gaseosa.
Ella decide que quiere el vaso de gaseosa.
Ella decide que no quiere el vaso de gaseosa.
Ella le ofrece un vaso de gaseosa.

06 Hay tres gorras.
El hombre esconde un guisante debajo de la gorra negra.
El niño adivina si el guisante está debajo de la gorra marrón. Él la señala con el dedo.
El guisante no está debajo de la gorra marrón.

07 El niño adivina si el guisante está debajo de la gorra rosada.
El niño adivina si el guisante está debajo de la gorra marrón.
El niño adivina si el guisante está debajo de la gorra negra.
El niño piensa en qué gorra debe escoger.

08 El niño puede escoger qué fruta comer.
El niño no puede escoger qué fruta comer porque sólo hay una.
El niño puede escoger qué libro leer.
El niño no puede escoger qué libro leer porque sólo hay uno.

09 El niño y la niña se gustan.
El niño y la niña no se gustan.
El niño está escogiendo algo de la bandeja.
El niño no está escogiendo nada de la bandeja.

10 El hombre adivina.
El hombre escoge un libro.
El hombre le muestra la camisa.
El hombre escoge una camisa.

9-09   La oficina: actividades y terminología

01   Ella teclea en la computadora.
Ella escribe a máquina.
Ella introduce un disquete en la computadora.
Ella tira un papel a la basura.

02   Ella usa un ratón.
Ella grapa unos papeles.
Ella sujeta unos papeles con un sujetapapeles.
Ella pone papel en la copiadora.

03   El teléfono suena.
Ella contesta el teléfono.
Ella toma un mensaje.
Ella cuelga el teléfono.

04   Julia copia un papel.
Ella manda algo por fax.
Ella pone un papel en la impresora.
Ella teclea en la computadora.

05   Ella pone un paquete en la balanza.
Ella mide el paquete.
Julia moja una estampilla.
Ella pone una carpeta en el archivador.

06   Ella pesa algo.
Ella mide algo.
Julia le pone una estampilla al paquete.
Julia archiva algo.

07   La caja pesa un kilo.
La caja pesa unos 20 kilos.
La caja mide 60 centímetros de largo.
La caja mide 40 centímetros de ancho.

08   Estoy buscando un número de teléfono.
Estoy buscando una palabra en el diccionario.
Ella está mirando el monitor.
Ella está buscando algo debajo del escritorio.

09   Julia está hablando por teléfono.
Ella está colgando el teléfono.
Julia está marcando un número de teléfono.
Ella va a contestar el teléfono.

10   Ella escribe un cheque.
Ella abre una carta.
Julia cierra una caja con cinta adhesiva.
Julia abre una caja.

9-10   Pedir ayuda; poder

01   Esta mujer puede ver.
Esta mujer no puede ver.
Este hombre puede hablar.
Este hombre no puede hablar.

02   El hombre puede oír.
El hombre no puede oír.
La mujer puede oler.
La mujer no puede oler.

03   La muchacha ayuda a su amigo a levantarse.
La muchacha no ayuda a su amigo a levantarse.
La muchacha ayuda a su amigo a levantar el sofá.
La muchacha no ayuda a su amigo a levantar el sofá.

04   La muchacha levanta la silla sola.
La muchacha pide ayuda porque no puede levantar la silla sola.
La muchacha trata de mover el baúl sola.
La muchacha recibe ayuda, porque ella no lo puede mover sola.

05   Juana puede abrir la puerta.
Juana no puede abrir la puerta.
Miguel puede ayudar a Juana a abrir la puerta porque tiene la llave.
Miguel no puede ayudar a Juana a abrir la puerta porque no tiene la llave.

06   Ayúdame a levantarme, por favor.
Ayúdame a levantar este piano, por favor.
Ayúdame a cargar esta alfombra, por favor.
Ayúdame a alcanzar el juguete, por favor.

07   El niño no puede alcanzar los anteojos de sol solo, pero con ayuda, sí los puede alcanzar.
El niño no puede cargar la alfombra solo, pero cuando la mujer lo ayuda, él la puede cargar.
El hombre puede cargar la alfombra solo.
El niño puede alcanzar los anteojos de sol solo.

08   Él está ayudándola a levantarse.
Ella está ayudándolo a levantarse.
Ella no está ayudándolo a levantarse.
Él no está ayudándola a levantarse.

09   Ella está tratando de levantar el sofá sola.
Ella pide ayuda para levantar el sofá.
Alguien está ayudándola a levantar el sofá.
Ella pide ayuda para levantar el baúl.

10   Necesito ayuda.
No necesito ayuda.
¿Necesitas ayuda?
Lo siento, no puedo ayudarte.

01   ¿Quiénes son de la misma edad, del mismo
       género y de la misma altura?
       ¿Quiénes son de la misma edad y del mismo
       género, pero de alturas diferentes?
       ¿Quiénes son de la misma altura y del mismo
       género, pero de edades diferentes?
       ¿Quiénes son del mismo género, pero de alturas y
       edades diferentes?

02   ¿Por qué está en la cama?
       ¡Quién sabe!

       ¿Qué es eso?
       Es una bicicleta.

       ¿Qué es esto?
       ¡Quién sabe!

       ¿Por dónde debo ir?
       Usted debe ir por ahí.

03   Ésta es una herramienta común, pero no es
       apropiada para este trabajo.
       Ésta es una herramienta común, y es apropiada
       para este trabajo.
       Éste es un lugar común para estudiar.
       Éste no es un lugar común para estudiar.

04   ¿Me puedes ayudar, Daniel?
       Mucho gusto.
       Por favor, pasen por aquí.
       ¿Te puedo ayudar, Susana?

05   ¿En qué está pensando el hombre?
       Él está pensando en ir a pescar.

       ¿En qué está pensando la mujer?
       Ella está pensando en montar a caballo.

       ¿En qué estás pensando?
       Estoy pensando en montar a caballo.

       ¿En qué estás pensando?
       Estoy pensando en ir a pescar.

06   ¿Está pensando el hombre? Sí, está pensando.
       ¿Está soñando el hombre? Sí, está soñando.
       ¿Las personas están vivas? Sí, están vivas.
       ¿Las personas están muertas? Sí, están muertas.

07   Yo le doy una chaqueta a él.
       Tú le das una chaqueta a él.
       Ellas le dan una chaqueta a él.
       Nosotras le damos una chaqueta a él.

08   El hombre adivina.
       El hombre escoge un libro.
       El hombre le muestra la camisa.
       El hombre escoge una camisa.

09   Julia está hablando por teléfono.
       Ella está colgando el teléfono.
       Julia está marcando un número de teléfono.
       Ella va a contestar el teléfono.

10   Ella está tratando de levantar el sofá sola.
       Ella pide ayuda para levantar el sofá.
       Alguien está ayudándola a levantar el sofá.
       Ella pide ayuda para levantar el baúl.

10-01 Actividades secuenciales: escribir una carta; comer; lavarse

01 Paula piensa en escribirle una carta a Luisa.
Paula toma una hoja de papel.
Paula toma un sobre.
Paula toma un bolígrafo.

02 Paula escribe una carta.
Paula dobla la carta.
Pone la carta en el sobre.
Escribe la dirección en el sobre.

03 Paula toma una estampilla.
Paula moja la estampilla.
Pone la estampilla en el sobre.
Moja el sobre.

04 Paula cierra el sobre.
Paula pone el sobre con los otros sobres.
Abre el buzón.
Pone la carta en el buzón.

05 Tengo hambre.
Paula va a la nevera y abre la puerta.
Aquí hay comida.
Paula saca la comida.

06 Paula cierra la puerta de la nevera.
Abre la puerta del microondas.
Pone la comida en el microondas.
Cierra la puerta del microondas.

07 Paula prende el microondas.
Paula saca la comida.
Corta la comida.
Come la comida.

08 Elena tiene la cara sucia.
Elena entra al baño.
Toma una toallita.
Toma el jabón.

09 Elena abre la llave del agua.
Elena moja la toallita.
Enjabona la toallita.
Se lava la cara.

10 Elena enjuaga el jabón de la toallita.
Elena se lava la cara.
Se seca la cara con una toalla.
Cuelga la toalla.

10-02 Convenciones sociales comunes

01 Hola.
Adiós.
¿Cómo está usted?
Bien, gracias. ¿Y usted?
El teléfono es para ti.
Gracias.

02 Me llamo Carlos.
Mi dirección es Calle la Paz 486.
Mi número de teléfono es 430-7891.
Mi cumpleaños es el 28 de junio.

03 ¿Cuál es su número de teléfono?
Muchas gracias.
Adiós.
Perdóneme.

04 No me espere.
¿Cuál es su número de teléfono?
Entre.
Lo siento.

05 No, gracias.
Sí, por favor.
¿La puedo ayudar?
Perdóneme, ¿me puede ayudar?

06 ¿Quién es esa persona allá?
¿Allá? Es Susana.

Susana, te presento a Eduardo. Eduardo, te
presento a Susana.

Mucho gusto, Eduardo.
Mucho gusto, Susana.

07 ¿Cómo se llama usted?
Me llamo Arturo.

¿Cómo se llama usted?
Me llamo María.

Esto es para ti, Liliana.

Gracias, David.

08 Hola, Clara.
Hola, Adolfo. ¿Cómo estás?
Estoy bien, Clara. ¿Y tú?
Estoy bien, Adolfo. Gracias.

09 ¡Feliz cumpleaños!
Por favor, siéntate.
¿Aló?
Por favor, pásame eso.

10 Lo siento.
Adiós.
Gracias.
De nada.

10-03 Viajes y medios de transporte

01
Esto es un aeropuerto.
Esto es el equipaje.
Éstos son los boletos.
El hombre está registrando su equipaje en el
  mostrador.

02
¿A qué hora llega el tren?
El tren llega a las diez.
¿A qué hora sale este tren?
Este tren sale a las diez y cuarto.

03
El avión está despegando.
El avión está aterrizando.
El avión está rodando por la pista.
Este avión está en la puerta.

04
Esto es un estacionamiento.
Esto es un taxi.
Esta persona es un maletero.
Esta persona es un piloto.

05
Necesita unas vacaciones.
No están de vacaciones. Están trabajando.
Está de vacaciones.
Están de vacaciones.

06
Esto es una estación de tren.
Estas personas hacen cola para comprar boletos.
Esta persona está cargando el equipaje.
Esto es una estación de autobús.

07
El tren llega.
El tren sale.
El autobús llega.
El autobús sale.

08
Estas personas hacen cola en un supermercado.
Estas personas hacen cola para subir al autobús.
Estas personas no tienen que esperar más el
  autobús.
Esta persona no hace cola.

09
Muchas personas están esperando que el autobús
  salga.
Estos pasajeros están sentados.
Esta persona es un conductor de autobús.
Esta persona es una pasajera del metro.

10
un piloto
una conductora
un pasajero
equipaje

10-04 Lavar la ropa: lavar, secar, llevar puesto

01
Roberto piensa en lavar su ropa sucia.
Roberto pone su ropa sucia en una canasta
  de ropa.
Lleva la ropa a la lavadora.
Pone la ropa al lado de la lavadora.

02
Roberto levanta la tapa de la lavadora.
Roberto pone la ropa en la lavadora.
Pone el detergente en la lavadora.
Cierra la tapa de la lavadora.

03
Roberto prende la lavadora.
Roberto levanta la tapa de la lavadora.
Roberto saca la ropa mojada de la lavadora.
Roberto pone la ropa mojada en la canasta
  de ropa.

04
una secadora
una pinza para tender ropa
Roberto usa una pinza de ropa para colgar una
  camisa en el tendedero.
Roberto usa una pinza de ropa para colgar un par
  de pantalones en el tendedero.

05
Roberto abre la puerta de la secadora.
Roberto pone la ropa mojada en la secadora.
Roberto cierra la puerta de la secadora.
Roberto pone la ropa seca en la canasta de ropa.

06
Estos calcetines hacen pareja.
Estos calcetines no hacen pareja.
Esta ropa hace juego.
Esta ropa no hace juego.

07
Roberto dobla las toallitas.
Roberto dobla la toalla.
Roberto empareja los calcetines.
Roberto dobla los calcetines.

08
Roberto plancha la camisa.
Roberto cose un botón en la camisa.
Roberto pone la camisa en un gancho de colgar
  ropa.
Roberto pone la camisa en el armario.

09
Esta camisa está al revés. La parte de arriba está
  abajo.
Esta camisa está al revés. La parte de adentro está
  afuera.
Esta camisa está al revés. La parte de adelante
  está atrás.
El hombre lleva esta camisa correctamente.

10
Él lleva ropa informal que le queda bien.
Él lleva ropa formal que no le queda bien.
Él lleva ropa informal que no le queda bien.
Él lleva ropa formal que sí le queda bien.

10-05 Alguien–nadie; construcciones impersonales con "se"

01 La niña jala a la mujer.
La mujer jala a la niña.
La mujer le cepilla el pelo al hombre.
El hombre le cepilla el pelo a la mujer.

02 La niña peina a la mujer.
La mujer peina a la niña.
La mujer peina al hombre.
El hombre peina a la mujer.

03 La mujer besa al hombre.
El hombre besa a la mujer.
La mujer besa el caballo.
El hombre y la mujer se besan.

04 El niño va a jalar al hombre.
El niño jala al hombre.
El hombre jala al niño.
El hombre va a jalar al niño.

05 Alguien besa al hombre.
Nadie besa al hombre. Alguien besa el caballo.
Alguien ha besado al hombre.
Nadie ha besado al hombre.

06 Alguien ha roto el plato.
Nadie ha roto el plato.
Alguien ha besado a la mujer.
Nadie ha besado a la mujer.

07 El hombre va a tirar a alguien.
El hombre está tirando a alguien.
El hombre ha tirado a alguien.
El niño va a tirar algo.

08 No se le va a caer el plato.
Se le va a caer el plato.
Se le cae el plato.
Se le ha caído el plato.

09 Se va a romper esta tela.
Se está rompiendo esta tela.
Se ha roto esta tela.
No se va a romper esta tela.

10 Alguien le corta el pelo al hombre.
Alguien le corta el pelo a la mujer.
Alguien levanta la tapa de la lavadora.
Alguien cierra la tapa de la lavadora.

10-06 La cocina: actividades, electrodomésticos y utensilios

01 Ellas no han empezado a comer la comida todavía.
Ellas están comiendo la comida.
Ellas han acabado de comer la comida.
No hay comida en la mesa.

02 Nadie come la comida todavía.
Ella no come la comida. Come un bocado.
Ellas comen una comida.
Él no come una comida. Come un bocado.

03 Ana pone los platos en el fregadero.
Ana usa una esponja para lavar los platos.
Ana enjuaga los platos.
Ana seca los platos.

04 Ella echa la leche en una taza de medir.
Ella echa la leche en un vaso.
Ella calienta la leche.
Ella ha derramado la leche.

05 El agua está hirviendo.
Las papas se están horneando.
Las cebollas se están friendo.
Los tomates no se están cocinando.

06 Las papas se están hirviendo.
Las papas se están friendo.
Las papas se están horneando.
Las papas no se están cocinando.

07 Ella pone la leche en la nevera.
Ella pone las papas en el horno.
Él echa la leche en la cacerola.
Él pone las papas en el microondas.

08 Ella pone la comida en el armario.
Ella pone la cacerola sobre la estufa.
Ella pone el molde en el horno.
Ella pone la comida en la nevera.

09 Alguien revuelve algo.
Alguien corta algo.
Alguien lava algo.
Alguien seca algo.

10 Sara usa una cuchara.
Sara usa una toalla.
Sara usa un cuchillo.
Sara usa un tenedor.

10-07 Lavarse, vestirse y arreglarse

01 Él se afeita.
Él se ducha.
Él se baña en la bañera.
Él se lava las manos.

02 Ella se seca el pelo.
Ella se baña en la bañera.
Ella se ducha.
Ella se maquilla.

03 El niño limpia el lavamanos.
El niño limpia la bañera.
El niño limpia el piso.
El niño limpia la mesa.

04 Alguien está planchando un par de pantalones.
Ella está cosiendo un botón.
Él está remendando una camisa.
Alguien está planchando una camisa.

05 Ella usa una toallita. Se lava la cara.
Ella usa una escoba. Barre.
El hombre usa una cuchilla de afeitar. Se afeita.
El hombre usa jabón. Se lava las manos.

06 Lleva una bata de baño.
Lleva pantuflas.
Lleva pijamas.
Lleva un camisón.

07 El niño usa una toallita para lavarse la cara.
El niño usa un cepillo de dientes para cepillarse
los dientes.
Usa un peine para peinarse.
Usa un espejo para maquillarse.

08 Se pone esmalte en las uñas.
Pone pasta dental en el cepillo de dientes.
Se cepilla los dientes.
Se pone colorete en los labios.

09 Se pone loción.
Está planchando.
Se pone perfume.
Se corta las uñas.

10 Usa una escoba.
Usa una cuchilla de afeitar.
Lleva pijamas.
Lleva una bata.

10-08 Medidas: longitud, peso, volumen, temperatura y distancia

01 una regla
un mapa
un velocímetro
un termómetro

02 una balanza
un reloj
un cuentakilómetros
una taza de medir

03 Una regla se usa para medir longitudes.
Un mapa se usa para medir la distancia entre
ciudades.
Un velocímetro se usa para medir la velocidad.
Un termómetro se usa para medir la temperatura.

04 Una balanza se usa para medir el peso.
Un reloj se usa para medir el tiempo.
Un cuentakilómetros se usa para medir la
distancia.
Una taza de medir se usa para medir el volumen.

05 Esto se usa para medir el peso.
Estos dos se usan para medir el tiempo.
Esto se usa para medir la distancia.
Estos dos se usan para medir el volumen.

06 Esto se usa para medir la temperatura.
Esto se usa para medir la velocidad.
Esto se usa para medir el volumen solamente.
Esto se usa para medir el volumen y el precio.

07 El lápiz de la izquierda es más corto que el lápiz
de la derecha.
El lápiz de la izquierda es más largo que el lápiz
de la derecha.
El pan de arriba es más largo que el pan de abajo.
El pan de arriba es más corto que el pan de abajo.

08 Este lápiz mide 15 centímetros de largo.
Este lápiz mide 10 centímetros de largo.
Este pan mide 60 centímetros de largo.
Este pan mide 30 centímetros de largo.

09 La distancia entre París y Londres es más corta
que la distancia entre París y Madrid.
La distancia entre Madrid y Londres es más
grande que la distancia entre Madrid y París.
La distancia entre las monedas pequeñas es más
corta que la distancia entre las monedas grandes.
La distancia entre las monedas pequeñas es
más grande que la distancia entre las monedas
grandes.

10 La distancia entre París, Francia y Barcelona, España es de 1030 kilómetros.
La distancia entre París, Francia y Berna, Suiza es de 545 kilómetros.
La distancia entre Ciudad de México, México y Lima, Perú es de 4370 kilómetros.
La distancia entre Tokio y Beijing es de 2040 kilómetros.

01 El agua está a una temperatura alta.
El agua está a una temperatura baja.
Esta caja pesa mucho.
Esta caja pesa poco.

02 El agua está a cien grados centígrados.
El agua está a cero grados centígrados.
Esta caja pesa medio kilo.
Esta caja pesa treinta kilos.

03 Este carro va a ochenta kilómetros por hora.
Este carro va a cuarenta kilómetros por hora.
Este carro ha viajado 145.897 kilómetros.
Este carro ha viajado 75.128 kilómetros.

04 Este carro va a más de sesenta, pero a menos de noventa kilómetros por hora.
Este carro va a menos de sesenta, pero a más de treinta kilómetros por hora.
Este carro ha viajado más de 100.000 kilómetros.
Este carro ha viajado menos de 100.000 kilómetros.

05 Este cronómetro muestra cinco segundos.
Este cronómetro muestra diez segundos.
Este reloj muestra dos horas después de las tres.
Este reloj muestra quince minutos después de las tres.

06 dos horas antes de las seis
dos horas después de las seis
tres horas antes de las seis
tres horas después de las seis

07 Hay una hora de diferencia entre estos dos relojes.
Hay dos horas de diferencia entre estos dos relojes.
Hay 50 minutos de diferencia entre estos dos relojes.
Hay 35 minutos de diferencia entre estos dos relojes.

08 Esto representa 10 años. Es una década.
Esto representa 20 años. Son dos décadas.
Esto representa 40 años. Son cuatro décadas.
Esto representa 100 años. Es un siglo.

09 Esto es el número de días que hay en un año.
Esto es el número de semanas que hay en un año.
Esto es el número de meses que hay en un año.
Esto es el número de horas que hay en un año.

10 Esto representa un siglo.
Esto representa tres siglos.
Esto representa menos de un siglo.
Esto representa diez siglos. Es un milenio.

10-10   Saludo y conversación; convenciones sociales; llamadas telefónicas

01   Gracias.
Perdóneme.
Hola.
Adiós.

02   ¡Hola, Doris!
¡Hola, Edgar!
¡Adiós, Doris!
¡Adiós, Edgar!

03   Hola, ¿cómo estás?
Jorge, pásame la revista, por favor.
Gracias, Jorge.
De nada, María.

04   Raúl no puede ver adónde va.
Raúl se choca con la mujer.
¡Perdóneme!
Está bien.

05   Perdóneme, ¿me puede decir qué hora es?
Claro que sí. Son las tres.
Gracias.
De nada.

06   Juan, ¿conoces a mi amigo Edgar?

Juan y Edgar se dan la mano.

Hola, Edgar, mucho gusto.
Hola, mucho gusto.

¡Adiós!

07   Jesús va a hacer una llamada.
Aló, soy Carmen.
Aló, soy Jesús. ¿Está Raquel?
Carmen le da el teléfono a Raquel.

08   Aló, soy Carmen.
Hola, soy Jesús. ¿Tienes el número de teléfono de Daniel?
Sí, su número de teléfono es (54) 286-9017.
Gracias. Lo escribo ahora mismo.

09   Eso parece rico.
¿Quieres probarlo?
Sólo un poquito.
¡Toma!

10   Necesitamos más sobres.
¿Usted puede ir a la tienda ahora?
Sí, pero necesito dinero.
Gracias. Volveré pronto.

10-11   Repaso: Parte Diez

01   Paula escribe una carta.
Paula dobla la carta.
Pone la carta en el sobre.
Escribe la dirección en el sobre.

02   Hola, Clara.
Hola, Adolfo. ¿Cómo estás?
Estoy bien, Clara. ¿Y tú?
Estoy bien, Adolfo. Gracias.

03   ¿A qué hora llega el tren?
El tren llega a las diez.
¿A qué hora sale este tren?
Este tren sale a las diez y cuarto.

04   Roberto levanta la tapa de la lavadora.
Roberto pone la ropa en la lavadora.
Pone el detergente en la lavadora.
Cierra la tapa de la lavadora.

05   La mujer besa al hombre.
El hombre besa a la mujer.
La mujer besa el caballo.
El hombre y la mujer se besan.

06   Ana pone los platos en el fregadero.
Ana usa una esponja para lavar los platos.
Ana enjuaga los platos.
Ana seca los platos.

07   El niño usa una toallita para lavarse la cara.
El niño usa un cepillo de dientes para cepillarse los dientes.
Usa un peine para peinarse.
Usa un espejo para maquillarse.

08   Una regla se usa para medir longitudes.
Un mapa se usa para medir la distancia entre ciudades.
Un velocímetro se usa para medir la velocidad.
Un termómetro se usa para medir la temperatura.

09   Hay una hora de diferencia entre estos dos relojes.
Hay dos horas de diferencia entre estos dos relojes.
Hay 50 minutos de diferencia entre estos dos relojes.
Hay 35 minutos de diferencia entre estos dos relojes.

10   Juan, ¿conoces a mi amigo Edgar?

Juan y Edgar se dan la mano.

Hola, Edgar, mucho gusto.
Hola, mucho gusto.

¡Adiós!

11-01 Pedir ayuda: preguntas y respuestas

01 El hombre se tropieza.
El hombre se choca con la mujer.
Perdóneme, señorita.
¡Está bien!

02 Carlos ha perdido sus llaves.
Alicia, ayúdame a buscar mis llaves, por favor.
¡Las encontré! ¡Aquí están!
Gracias por ayudarme.

03 El cliente dice: "Tráigame una gaseosa, por favor".
La camarera trae la bebida y dice: "Aquí está su gaseosa".
El cliente dice: "Gracias".
El cliente empieza a beber la gaseosa.

04 La mujer está sola. Ella lleva algunas cajas.
Un hombre pregunta: "¿La puedo ayudar?"
El hombre ayuda a la mujer.
La mujer dice: "Gracias por ayudarme".

05 A una mujer se le cae la cartera.
Otra mujer recoge la cartera.
La segunda mujer dice: "Aquí está su cartera".
La primera mujer dice: "¡Gracias!"

06 Un hombre mira un mapa.
Una mujer pregunta: "¿Lo puedo ayudar?"
El hombre pregunta: "¿Dónde está la estación de policía?"
La mujer dice: "La estación de policía está por ahí".

07 La mujer está en la biblioteca pública. Ella busca un libro.
Ella encuentra el libro que quiere sacar.
Me gustaría sacar este libro, por favor.
Aquí lo tiene. Devuélvalo en dos semanas.

08 ¿Me puede abrir la puerta, por favor?
Claro que sí.
El hombre entra.
Gracias.

09 ¿Quieres jugo de naranja o leche?
Me gustaría jugo de naranja.
Aquí está el jugo de naranja.
Muchas gracias.

10 Tengo un pedazo de cinta adhesiva pegado en la espalda. ¿Me lo puedes quitar?
Claro que sí. Yo te lo quito.
Le quita el pedazo de cinta adhesiva.
Tira el pedazo de cinta adhesiva a la basura.

11-02 Construcciones impersonales con "se"

01 Se empaca la ropa para el viaje.
Se ha empacado la ropa para el viaje.
Se colgará la ropa afuera para secarse.
Se ha colgado la ropa afuera para secarse.

02 Se echará el agua.
Se echa el agua.
Se ha echado el agua.
No se echará esta agua.

03 Ella beberá el jugo de naranja.
Ella está bebiendo el jugo de naranja.
Ella ha bebido el jugo de naranja.
Alguien ha derramado el jugo de naranja.

04 Se subirán los ladrillos.
Se están subiendo los ladrillos.
Se han subido los ladrillos.
No se subirán estos ladrillos.

05 Alguien montará este animal.
Alguien está montando este animal.
Alguien montaba este animal, pero nadie lo monta ahora.
Nadie monta este animal nunca.

06 Se cortará este papel.
Se corta el papel.
Se ha cortado el papel.
No se cortará este papel.

07 Él va a comer la manzana.
Él está comiendo la manzana.
Él ha comido la manzana.
Nadie va a comer esta manzana.

08 El niño está tirando algo.
Alguien está tirando al niño.
Se ha cortado el pan.
Se cortará el pan.

09 Ella le pegará con la almohada.
Ella le está pegando con la almohada.
Ella le ha pegado con la almohada. Él se cayó.
Él le pegará con la almohada.

10 Él le está pegando con la almohada.
Ella le está pegando con la almohada.
Ella lo está ayudando a levantarse.
Él la está ayudando a levantarse.

11-03 Vestimenta: profesiones, actividades y nacionalidades

01 Los adultos no están vestidos igual.
Los adultos están vestidos igual.
Los niños están vestidos igual.
Los niños no están vestidos igual.

02 Él se ata la corbata.
Él se ata los cordones del zapato.
Ella se sube la cremallera del abrigo.
Ella se abotona el abrigo.

03 Este hombre lleva un terno.
Estas personas llevan trajes de baño.
Estas personas llevan ropa de trabajo.
Este hombre lleva un uniforme.

04 Estas mujeres llevan uniformes.
Esta mujer lleva un uniforme.
Estos hombres llevan uniformes.
Estos hombres no llevan uniformes.

05 Esta mujer lleva un uniforme militar.
Esta mujer lleva un uniforme, pero no es un uniforme militar.
Esta mujer lleva un vestido de novia. Su esposo lleva un uniforme.
Esta mujer lleva un vestido de novia. Su esposo no lleva un uniforme.

06 Estas personas están vestidas para viajar en el espacio.
Estas personas están vestidas para un desfile.
Estas personas están vestidas para deportes.
Estas personas están vestidas para una boda.

07 Estas personas llevan ropa tradicional japonesa.
Estas personas llevan ropa tradicional griega.
Esta persona lleva ropa tradicional árabe.
Esta persona lleva ropa moderna de occidente.

08 Estas personas llevan ropa tradicional de los indios norteamericanos.
Estas personas llevan ropa especial para presentarse en un concierto.
Estas personas llevan ropa especial para presentarse en una obra teatral.
Estas personas llevan ropa especial para una sala de cirugía.

09 Estas personas están vestidas formalmente.
Estas personas están vestidas informalmente.
Esta persona está vestida formalmente.
Esta persona está vestida informalmente.

10 Ella se ata algo.
Ella se sube la cremallera de algo.
Ella se abotona algo.
Ella está vestida formalmente.

11-04 Gestos, posturas e interacciones físicas

01 El hombre y la mujer están tomados de la mano.
El hombre y la mujer se están abrazando.
El hombre y la mujer se están dando la mano.
El hombre y la mujer tienen los brazos enlazados.

02 Ella se apoya en los estantes de libros.
Él se apoya en los estantes de libros.
Ella está parada al lado de los estantes de libros.
Él está parado al lado de los estantes de libros.

03 Él guiña el ojo.
Él parpadea.
Él se inclina.
Él cruza los brazos.

04 Ella descansa la cabeza sobre su rodilla.
Ella descansa la cabeza sobre su hombro.
Él la abraza.
Ellos están tomados de la mano.

05 Él saluda.
Ellos saludan.
Ellos se inclinan.
Él afirma.

06 Tiene los brazos cruzados.
Tiene las piernas cruzadas.
Tiene los brazos derechos y las piernas dobladas.
Tiene los brazos doblados y las piernas derechas.

07 Él se frota las manos.
Él se frota la frente.
Él se frota la barbilla.
Él se pasa la mano por el pelo.

08 Él se frota la nariz.
Él se rasca la nariz.
Ella se frota el brazo.
Ella se rasca el brazo.

09 Ella le toca el hombro.
Él tamborilea.
Ella le aprieta la mano.
Él afirma.

10 Ella le pellizca el brazo.
Ella le aprieta el brazo.
Ella le rasca el brazo.
Ella le da un puñetazo en el brazo.

01   Ella sale del edificio.
Ella entra en el edificio.
Él sale del edificio.
Él entra en el edificio.

02   Él está adentro.
Él sale de la casa.
Hace demasiado frío afuera.
Él vuelve a la casa.

03   Ella sale de la casa.
Ella vuelve a la casa para buscar su maletín.
Él sale de la casa.
Él vuelve a la casa para buscar su maletín.

04   Un bumerang vuelve cuando se lo tira.
Una pelota de béisbol no vuelve cuando se la tira.
Un yoyó vuelve cuando se lo suelta.
Un huevo no vuelve cuando se lo suelta.

05   Se ata los cordones del zapato.
Se desata los cordones del zapato.
Se sube la cremallera del abrigo.
Se baja la cremallera del abrigo.

06   Las personas llegan a la casa.
Las personas se van.
El autobús llega a la parada.
El autobús se va.

07   Alfredo abre el baúl.
Alfredo cierra el baúl.
Alfredo cierra la puerta del carro y le pone llave.
Alfredo cierra la puerta del carro, pero no le pone
llave.

08   La puerta marrón está cerrada con llave.
La puerta marrón no está cerrada con llave.
Él cierra la puerta y le pone llave.
Él usa la llave y abre la puerta.

09   Él sale de la casa.
Ella se ata algo.
Ella se sube la cremallera de algo.
Él entra en la casa.

10   Elena sale de la casa.
Elena cierra y le pone llave a la puerta.
Elena vuelve a la casa porque se le olvidó algo.
Elena usa la llave para abrir la puerta.

01   Alguien está caminando.
Todos están parados.
Alguien está sentado y nadie está parado.
Alguien está sentado y otros están parados.

02   El niño está solo y está inclinándose.
El niño no está solo. Él está con un adulto.
El niño está solo y está acostado.
El niño no está solo, pero no está con una
persona.

03   El niño está sentado y el perro está acostado.
El niño y el perro están parados. El niño está
inclinándose.
El niño y el perro están parados. El niño no está
inclinándose.
El niño y el perro están acostados.

04   El niño está boca abajo.
El niño no está boca abajo.
La foto no está derecha.
La foto está derecha.

05   El burro está parado. El payaso está sentado en
el burro.
El burro y el payaso están parados.
El burro está boca arriba. El payaso está sentado
encima del burro.
El payaso no está con el burro.

06   El niño está acostado boca abajo.
El niño está acostado boca arriba.
El hombre está acostado boca abajo.
El hombre está acostado boca arriba.

07   El animal está parado en un hueco en la tierra.
El animal está parado al lado del agua.
El animal está parado delante de la pared.
El animal está sentado y está dando la pata.

08   El hombre tiene los brazos cruzados.
El hombre tiene los brazos estirados.
El hombre tiene las manos en la cadera.
El hombre tiene las manos alrededor de las
rodillas.

09   Él está arrodillado.
Él está en cuclillas.
Ellas están arrodilladas.
Ellas están en cuclillas.

10   Él está en cuclillas.
Él está inclinado.
Ella está arrodillada.
Ella está estirándose.

01 Los carros suben y están casi en la parte más alta.
Algunos carros suben y algunos carros bajan. No
están boca abajo.
Todos los carros bajan.
Los carros están boca abajo.

02 Los carros pronto van a estar en la parte más alta.
Los carros están en la parte más alta y están
comenzando a bajar.
Los carros bajan rápidamente.
Los carros van por una curva.

03 La señal dice "pare" en inglés.
La señal no dice nada.
La señal muestra una persona en una silla de
ruedas.
La señal dice "camine a la izquierda y escale
rocas a la derecha".

04 Para un conductor, esta luz significa "pare".
Para un conductor, esta luz significa "vaya".
Para un peatón, esta luz significa "no camine".
Para un peatón, esta luz significa "camine".

05 Esta señal significa "pare su carro".
Esta luz significa "pare su carro".
Esta luz significa "maneje lentamente y tenga
cuidado".
Esta señal significa "para minusválidos".

06 un carro de policía
un policía
una señal de velocidad máxima
un semáforo

07 La velocidad máxima es de 35 kilómetros por
hora.
El carro va a 35 kilómetros por hora.
La velocidad máxima es de 55 kilómetros por
hora.
El carro va a 55 kilómetros por hora.

08 una gasolinera
Él pone gasolina en el carro.
un recipiente de gasolina
un surtidor de gasolina

09 El carro está bajo en gasolina.
El carro está lleno de gasolina.
Perdóneme, ¿me puede decir dónde hay una
gasolinera?
Claro que sí. Hay una gasolinera allí.

10 Este hombre monta una motocicleta.
Este hombre maneja un autobús.
Este hombre maneja un camión.
Este hombre hace autostop.

01 ¿Ese avión es un jet? Sí, es un jet.
¿Ese avión es un jet? No, no es un jet.
¿Este edificio es un rascacielos? Sí, es un
rascacielos.
¿Este edificio es un rascacielos? No, no es un
rascacielos.

02 ¿Es un edificio moderno? Sí.
¿Es un edificio moderno? No.
¿Es un cohete? Sí.
¿Es un cohete? No, es una estación espacial.

03 Ella parece sorprendida, ¿verdad? Sí, parece
sorprendida.
Él parece feliz, ¿verdad? No, parece enojado.
Él parece sorprendido, ¿verdad? Sí, parece
sorprendido.
Ella parece feliz, ¿verdad? Sí, parece feliz.

04 Es un reloj de pulsera, ¿verdad? Sí.
Es un reloj de pulsera, ¿verdad? No, es un reloj
de torre.
Es una piscina, ¿no? Sí, es una piscina.
Es una piscina, ¿no? No, no es una piscina. Es
una playa.

05 ¿Ha bajado el sol ya? Sí, ya ha bajado.
¿Ha bajado el sol ya? No, no ha bajado todavía.
Él dejó la puerta de la nevera abierta, ¿verdad?
No, no la dejó abierta.
¿Él dejó la puerta de la nevera abierta? Sí, la dejó
abierta.

06 ¿Está casada esta pareja? Sí, acaban de casarse.
¿Está casada esta pareja? Probablemente están
casados. Ellos tienen un hijo.
¿Están casadas estas personas? No, no están
casadas.
¿Está casada esta persona? No, esta persona no
está casada.

07 Va a darle la vuelta al naipe, ¿no? Sí, le va a dar
la vuelta.
Va a darle la vuelta al naipe, ¿no? No, no le va a
dar la vuelta.
¿Va a cortar el pan? Sí, lo va a cortar.
¿Va a cortar el pan? No, no lo va a cortar.

08 ¿Soltó la bombilla? Sí, la soltó.
Soltó la bombilla, ¿no? No, no la soltó.
¿Ya se acabó el verano? Sí, ya se acabó.
¿Ya se acabó el verano? No, no se ha acabado
todavía.

11-08 Continuación

09 Él va a cortar el pan, ¿no? Sí, lo va a cortar.
Él está cortando el pan, ¿verdad? Sí, lo está
cortando.
Él cortó el pan, ¿no? Sí, lo cortó.
Él va a cortar el pan, ¿verdad? No, no lo va a
cortar.

10 ¿Él va a abrir la puerta? Sí, la va a abrir.
¿Está él abriendo la puerta? Sí, la está abriendo.
¿Abrió él la puerta? Sí, la dejó abierta.
¿Él puede abrir la puerta? No, no la puede abrir.

11-09 Adjetivos y verbos que expresan daño y deterioro

01 Esta hoja de papel está rota.
Ella rompe la hoja de papel.
Esta tela está rota.
Ella rompe la tela.

02 El pedazo de alambre está derecho.
El pedazo de alambre está doblado pero no está
torcido.
El pedazo de alambre está doblado y torcido.
Los pedazos de alambre están torcidos.

03 El metal está oxidado.
El metal está deslustrado.
La camisa está rota.
La taza está rota.

04 La tostada está quemada.
La página del libro está manchada.
El jugo está derramado.
La página del libro está rota.

05 Lo siento. La quemé.
Lo siento. La manché.
Lo siento. Lo derramé.
Lo siento. La rompí.

06 El tenedor está doblado.
El tenedor no está doblado.
La línea es recta.
La línea no es recta.

07 El cuchillo está oxidado.
El cuchillo está brillante.
Los pedazos de madera son planos y no están
pintados.
El pedazo de madera está pintado.

08 El escritorio está desordenado.
El escritorio está ordenado.
Esta letra no es clara.
Esta letra es clara.

09 La bombilla no está rota.
La bombilla está rota.
El helado no está derretido.
El helado está derretido.

10 La banana está podrida.
La banana está fresca.
La manzana está podrida.
La manzana está fresca.

11-10 Infinitivos; antónimos: bueno–malo, comenzar–terminar, correcto–incorrecto

01 Este café es bueno.
Este café es malo.
Esta música es buena.
Esta música es mala.

02 Es un problema matemático fácil.
Es un problema matemático difícil.
Es posible alzar este avión.
Es imposible alzar este avión.

03 Este tarro es fácil de abrir.
Este tarro es difícil de abrir.
Esta maleta es fácil de cerrar.
Esta maleta es difícil de cerrar.

04 Ésta es la respuesta correcta.
Ésta es la respuesta incorrecta.
Esta camisa es la talla correcta.
Esta camisa es la talla incorrecta.

05 La carrera está comenzando.
La carrera está terminando.
El día está comenzando.
El día está terminando.

06 el comienzo de un juego de ajedrez
el final de un juego de ajedrez
el comienzo de un libro
el final de un libro

07 Ella es la primera de la fila en salir.
Ella es la última de la fila en salir.
Hay muchas personas esperando en la fila.
El hombre es el último en la fila.

08 Esto sabe bien.
Esto sabe mal.
Esto huele bien.
Esto huele mal.

09 Ésta es la manera correcta de barrer el piso.
Ésta es una manera incorrecta de barrer el piso.
Ésta es la manera correcta de usar un martillo.
Ésta es una manera incorrecta de usar un martillo.

10 Él está empezando a beber el agua.
Él ha terminado de beber el agua.
Él ha empezado a subir las escaleras.
Él ha terminado de subir las escaleras.

11-11 Repaso: Parte Once

01 La mujer está sola. Ella lleva algunas cajas.
Un hombre pregunta: "¿La puedo ayudar?"
El hombre ayuda a la mujer.
La mujer dice: "Gracias por ayudarme".

02 Alguien montará este animal.
Alguien está montando este animal.
Alguien montaba este animal, pero nadie lo
monta ahora.
Nadie monta este animal nunca.

03 Estas personas llevan ropa tradicional japonesa.
Estas personas llevan ropa tradicional griega.
Esta persona lleva ropa tradicional árabe.
Esta persona lleva ropa moderna de occidente.

04 El hombre y la mujer están tomados de la mano.
El hombre y la mujer se están abrazando.
El hombre y la mujer se están dando la mano.
El hombre y la mujer tienen los brazos enlazados.

05 La puerta marrón está cerrada con llave.
La puerta marrón no está cerrada con llave.
Él cierra la puerta y le pone llave.
Él usa la llave y abre la puerta.

06 El burro está parado. El payaso está sentado en el
burro.
El burro y el payaso están parados.
El burro está boca arriba. El payaso está sentado
encima del burro.
El payaso no está con el burro.

07 Para un conductor, esta luz significa "pare".
Para un conductor, esta luz significa "vaya".
Para un peatón, esta luz significa "no camine".
Para un peatón, esta luz significa "camine".

08 Él va a cortar el pan, ¿no? Sí, lo va a cortar.
Él está cortando el pan, ¿verdad? Sí, lo está
cortando.
Él cortó el pan, ¿no? Sí, lo cortó.
Él va a cortar el pan, ¿verdad? No, no lo va a
cortar.

09 Lo siento. La quemé.
Lo siento. Lo manché.
Lo siento. Lo derramé.
Lo siento. La rompí.

10 Ésta es la manera correcta de barrer el piso.
Ésta es una manera incorrecta de barrer el piso.
Ésta es la manera correcta de usar un martillo.
Ésta es una manera incorrecta de usar un martillo.

12-01 Siempre, a veces, nunca, algunos, la mayoría, frecuentemente, raramente

01 Este animal siempre está en el agua.
Este animal a veces está en el agua y a veces está en la tierra.
Este animal nunca está en el agua.
Este vehículo no debe entrar al agua.

02 El sol siempre está caliente.
El fuego nunca está frío.
El agua a veces está caliente y a veces está fría.
Esto nunca está caliente.

03 Esto nunca está frío.
La gente puede sentir frío.
Éstas a veces están frías y a veces están calientes.
Éstos siempre están fríos.

04 ¿Qué animal siempre nada, nunca camina y nunca vuela?
¿Qué animal nunca nada, raramente camina y vuela mucho?
¿Qué animal a veces nada y a veces camina, pero nunca vuela?
¿Qué animal a veces nada, a veces camina y a veces vuela?

05 Algunas personas tienen este color de pelo.
La mayoría de los caballos son de este tamaño.
Algunos caballos son de este tamaño.
Nadie tiene este color de pelo.

06 Esta persona frecuentemente carga un arma.
Esta persona raramente carga un arma.
Esta persona nunca carga un arma.
Los perros raramente llevan ropa, pero éste lleva ropa.

07 Estos mamíferos frecuentemente suben a los árboles.
Estos mamíferos a veces suben a los árboles.
Estos mamíferos nunca suben a los árboles.
Estos reptiles nunca suben a los árboles.

08 ¿Qué animales frecuentemente vuelan?
¿Qué animales raramente vuelan?
¿Qué animales nunca vuelan?
Éstas no son animales.

09 La gente frecuentemente come manzanas.
La gente a veces come torta.
Los caballos a veces comen zanahorias.
La gente nunca come zapatos.

10 La gente frecuentemente se sienta en esto.
La gente raramente se sienta en esto.
La gente nunca se sienta en esto.
Alguien está sentado en la falda de otra persona.

12-02 Comprensión, interés y significado

01 Al hombre le interesa el libro.
Al hombre le aburre el libro.
Al hombre le interesa el programa de televisión.
Al hombre le aburre el programa de televisión.

02 Este libro es interesante.
Este libro es aburrido.
Este programa es interesante.
Este programa es aburrido.

03 El hombre está interesado.
El hombre está aburrido.
La mujer está interesada.
La mujer está aburrida.

04 El hombre no puede alcanzar lo que quiere.
El hombre tiene una idea.
El hombre va y toma una silla.
Ahora el hombre puede alcanzar lo que quiere.

05 La mujer no puede alzar la caja.
La mujer tiene una idea.
La mujer saca algunas cosas de la caja.
Ahora la mujer puede alzar la caja.

06 El niño no entiende la tarea.
El niño le pide ayuda a su hermano mayor.
El hermano mayor le explica la tarea.
Ahora el niño entiende la tarea.

07 El estudiante no entiende el problema matemático.
El estudiante le dice a la profesora: "¿Me puede ayudar?"
La profesora le explica el problema matemático.
Ahora el estudiante entiende el problema matemático.

08 ¿Qué significa esta señal? Significa "la carretera se vuelve estrecha".
¿Qué significa esta señal? Significa "no doble a la izquierda".
¿Qué significa esta señal? Significa "no doble a la derecha".
¿Qué significa esta señal? Significa "la carretera está resbaladiza".

09 Esta señal significa "la carretera está resbaladiza".
Esta señal no significa "la carretera está resbaladiza".
Este símbolo significa "paz".
Este símbolo no significa "paz".

10 Esta señal significa "pare".
Esta señal no significa "pare".
Este símbolo significa "amor".
Este símbolo no significa "amor".

12-03 Viajar; transacciones bancarias

01 Perdóneme, ¿me puede decir dónde hay un banco?

Claro que sí, el banco está ahí.

Muchas gracias.
De nada.

Carla quiere cambiar dinero.

02 Carla entra al banco.
Esta persona es una cajera.
Esto es un cheque.
Éstos son billetes y monedas. Ambos son dinero.

03 Me gustaría depositar dinero.
Me gustaría retirar dinero.
Me gustaría cambiar un billete de veinte dólares por dos billetes de diez dólares.
Me gustaría cambiar un billete de veinte dólares por yenes japoneses.

04 Me gustaría cobrar este cheque.
Me gustaría retirar veinte dólares.
Me gustaría cambiar veinte dólares por cuatro billetes de cinco dólares.
Me gustaría cambiar veinte dólares por marcos alemanes.

05 monedas
una tarjeta de crédito
billetes
un cheque

06 Alguien paga con una tarjeta de crédito.
Alguien paga con un cheque.
Alguien paga en efectivo.
Alguien retira dinero del banco.

07 ¿Dónde está el baño de caballeros?
El baño de caballeros está allí.

¿Dónde está mi pasaporte?
Aquí está su pasaporte.

¿Cuánto cuesta un periódico?
Cuesta 200 pesos.

¿Puede darme su boleto por favor?
Aquí está.

08 ¿Qué distancia hay entre París y Madrid?
Son 1270 kilómetros.
¿Qué distancia hay entre Bruselas y Londres?
Son 310 kilómetros.
Un boleto de ida lo lleva a usted de París a Venecia.
Un boleto de ida y vuelta lo lleva a usted de París a Venecia y de vuelta a París.

09 Perdóneme, ¿nos puede decir dónde estamos?

Claro que sí. Están aquí.

Creo que debemos ir por esta carretera.
Yo no estoy de acuerdo. Creo que debemos ir por ésa.

Creo que debemos ir por esta carretera.
Estoy de acuerdo.

10 Perdóneme, ¿me puede decir dónde está el museo?
Claro que sí. El museo está ahí.
¿Pagará con cheque, tarjeta de crédito, o en efectivo?
Pagaré en efectivo.

12-04 Más verbos reflexivos

01   La mujer mira el caballo.
La mujer mira las flores.
La mujer no mira nada.
La mujer se mira en el espejo.

02   La mujer le limpia la cara a otra persona.
La mujer se limpia la cara.
La mujer se peina.
La mujer peina a otra persona.

03   La niña se señala a sí misma.
La niña señala a la madre.
La niña se mira en el espejo.
La niña mira a su madre, pero no la señala.

04   La niña se pone loción.
La niña le pone loción a otra persona.
La niña se echa agua.
La niña le echa agua a otra persona.

05   La niña se pone loción en la cara.
La niña le pone loción en la espalda a su madre.
La niña se echa agua en el pelo.
La niña le echa agua en el pelo a su madre.

06   Él lee en voz baja.
Él le lee a otra persona.
Él abraza a la mujer.
Él abraza a la niña.

07   Los niños están solos.
Los niños están con sus padres.
La mujer del medio está cantando sola.
Las mujeres están cantando con tres hombres.

08   La mujer toma sol.
La mujer cocina.
La mujer se mira.
La mujer se pesa.

09   El hombre se señala a sí mismo.
El hombre lo señala a él.
La mujer se abraza.
Las mujeres se abrazan.

10   Ellos se miran.
Nosotros nos miramos.
Ellos nos miran.
Nosotros los miramos.

12-05 Sonidos: personas, animales y cosas

01   Este animal maúlla.
Este animal ladra.
Este animal muge.
Este animal bala.

02   campanas
un pito
guitarras
un tambor

03   El cohete hace ruido.
El cohete no hace ningún ruido.
La guitarra no hace ningún ruido.
La guitarra hace ruido.

04   El hombre está gritando.
La mujer está gritando.
El hombre está susurrando.
La mujer está susurrando.

05   El sonido de un susurro es suave.
El sonido de un grito es fuerte.
El niño hace mucho ruido.
El niño no hace mucho ruido.

06   Él está tocando la campana.
Ella está tocando el pito.
Ella está tocando la guitarra.
Él está tocando el tambor.

07   Cuando una persona susurra, habla suavemente.
Cuando una persona grita, habla fuertemente.
El niño trabaja sin hacer ruido.
El niño juega ruidosamente.

08   Este animal a veces es ruidoso. Hace sonidos
      fuertes.
Este animal no es ruidoso. Hace sonidos suaves.
Esta agua hace mucho ruido.
Esta agua no hace ningún ruido.

09   Este vehículo es ruidoso.
Este vehículo no es ruidoso.
Este instrumento hace un sonido agudo.
Este instrumento hace un sonido grave.

10   Esta persona tiene una voz aguda.
Esta persona tiene una voz grave.
Algunos animales tienen una voz aguda.
Algunos animales tienen una voz grave.

12-06 Imperativos; exclamaciones; obedecer–desobedecer

01 Diego salta sobre la cama.
La madre de Diego acaba de entrar al cuarto.
La madre le dice a Diego: "Para de saltar sobre la cama".
Diego para de saltar y se baja de la cama.

02 Diego tira los papeles.
La madre le dice a Diego: "Recoge los papeles".
Diego recoge los papeles.
Diego tira los papeles a la basura.

03 Tráeme esa chaqueta, por favor.
Ayúdame a alzar esto, por favor.
Pásame una toalla, por favor.
Pásame la mantequilla, por favor.

04 Pásame ese libro, por favor.
Toma este libro, por favor.
Pásame ese vaso, por favor.
Toma este vaso, por favor.

05 Métete en la cama.
Duérmete. Buenas noches.
Vengan aquí.
Por favor, salgan a jugar.

06 Cállate.
Vengan a la mesa.
Lávate las manos.
Por favor, vete.

07 ¡Ten cuidado! ¡Hay vidrio roto!
¡Ten cuidado! ¡Está caliente!
¡Ten cuidado! ¡No lo sueltes!
¡Ten cuidado! ¡Viene un carro!

08 ¡Ten cuidado! Está afilado.
Para, mamá, ¡me duele!
¡Tenga cuidado! Muerde.
¡Ten cuidado! Está lleno.

09 El padre dice: "Tira el papel a la basura".
El niño obedece a su padre.
El niño no obedece a su padre.
La niña tira el papel a la basura.

10 La profesora dice: "Dense la vuelta y miren a la pizarra".
Ambos estudiantes obedecen.
Ninguno de los dos obedece.
El estudiante obedece y la estudiante desobedece.

12-07 Comer y beber: verbos afines

01 Él está masticando.
Él está tragando.
Ella está masticando.
Ella está tragando.

02 Ella está chupando la pajita.
Ella no está chupando la pajita.
Ella está chupando la botella.
Ella no está chupando una botella. Ella tiene un chupete.

03 Él le da un mordisco a la banana.
Él le da un mordisco a la manzana.
Él mastica.
Él traga.

04 Alguien pela una papa.
Alguien corta una banana.
Alguien corta una papa.
Alguien pela una banana.

05 Ella chupa una pajita.
Ella sopla por la pajita.
Él chupa una pajita.
Él sopla para tocar la trompeta.

06 Ella está pelando la banana.
Ella está cortando la banana.
Ella está mordiendo la banana.
Ella está masticando.

07 Ella lame el pirulí.
Ella muerde el pirulí.
Él lame el helado.
Él muerde el helado.

08 El perro bebe a lengüetadas.
Él muerde algo.
Él traga.
Él lame.

09 Ella está bebiendo a sorbos.
Ella está bebiendo a tragos.
Ellos están bebiendo a sorbos.
Ellos están bebiendo a tragos.

10 Ella está bebiendo a sorbos.
Ella está bebiendo a tragos.
Ella está chupando.
Ella está soplando.

01 ¿Cuántos años tiene ella? Ella tiene diez años.
¿Cuántos años tiene ella? Ella tiene setenta años.
¿A qué temperatura está el agua? Está a unos 25 grados centígrados.
¿A qué temperatura está el agua? Está por debajo de un grado centígrado.

02 ¿Qué tipo de animal es? Es un reptil.
¿Qué tipo de animal es? Es un mamífero.
¿Qué tipo de animal es? Es un insecto.
¿Qué tipo de animal es? Es un pájaro.

03 ¿Qué tipo de edificio es? Es una catedral.
¿Qué tipo de edificio es? Es un rascacielos.
¿Qué tipo de edificio es? Son las ruinas de una fortaleza.
¿Qué tipo de edificio es? No sabemos.

04 ¿Qué está leyendo él? Él está leyendo un libro.
¿Qué está leyendo él? Él está leyendo una revista.
¿Qué está leyendo él? Él está leyendo el periódico.
¿Qué está leyendo él? Él está leyendo las reglas del juego.

05 ¿Qué está leyendo él? Él está leyendo un mapa.
¿Qué está leyendo él? Él está leyendo un menú.
¿Qué está leyendo él? Él está leyendo una nota escrita a mano.
¿Qué está leyendo él? Él está leyendo las instrucciones de su botella de medicina.

06 ¿Qué está leyendo él? Él está leyendo una señal.
¿Qué está leyendo él? Él está leyendo un libro de poesía.
¿Qué tipo de muebles son éstos? Éstos son muebles de casa.
¿Qué tipo de muebles son éstos? Éstos son muebles de oficina.

07 ¿De dónde es esa mujer? Es de Hawai.
¿De dónde es esa mujer? Es de China.
¿Dónde está la ciudad de París? París está en Francia.
¿Dónde está la ciudad de Roma? Roma está en Italia.

08 ¿De quién es el caballo? El caballo es del hombre.
¿De quién es el caballo? El caballo es de la mujer.
¿De quién es la bicicleta? La bicicleta es del hombre.
¿De quién es la bicicleta? No sé de quién es.

09 ¿Cuál quiere? Quiero el huevo amarillo.
¿Cuál quiere? Quiero el par amarillo.
¿En qué silla se quiere sentar? En ninguna. Ya hay personas sentadas en las sillas.
¿En qué silla se quiere sentar? No importa. Todas son iguales.

10 ¿Por qué tiene la boca abierta el hombre? Porque está riéndose.
¿Por qué tiene la boca abierta el hombre? Porque está comiendo.
¿Por qué tiene la boca abierta el perro? Porque está ladrando.
¿Por qué tiene la boca abierta el perro? Porque tiene calor.

01 El hombre puede alcanzar el cuadro porque está
  parado en la silla.
  El hombre podría alcanzar el cuadro si estuviera
  parado en la silla.
  La mujer puede ir rápido porque está en un carro.
  La mujer podría ir más rápido si estuviera en un
  carro.

02 La mujer come porque ella tiene comida.
  Si tuviera comida, la mujer podría comer.
  La mujer bebe porque ella tiene leche.
  Si tuviera leche, la mujer podría beber.

03 El hombre puede ver porque tiene los ojos
  abiertos.
  El hombre podría ver si tuviera los ojos abiertos.
  El hombre puede subir hasta el techo del edificio
  porque tiene una escalera.
  El hombre podría subir al techo del edificio si
  tuviera una escalera.

04 El hombre puede hablar.
  Si la mujer no tuviera la mano sobre su boca, el
  hombre podría hablar.
  Ella puede escribir.
  Si tuviera un bolígrafo, ella podría escribir.

05 La mujer no tiene frío porque lleva un abrigo.
  La mujer podría calentarse si tuviera un abrigo.
  La mujer se seca la cara con una toalla.
  La mujer se podría secar la cara si tuviera una
  toalla.

06 Ella puede manejar el carro porque es una adulta.
  Ella podría manejar el carro si fuera una adulta.
  Ella está sentada a la mesa.
  Si hubiera otra silla, ella podría sentarse a la
  mesa.

07 Él puede leer el periódico.
  Él podría leer el periódico si no estuviera al revés.
  Si lloviera, ella usaría el paraguas.
  Ella está usando el paraguas porque está
  lloviendo.

08 Ella va a beber la leche.
  Ella bebería la leche si la tuviera.
  Él va a comer la comida.
  Él comería la comida si la tuviera.

09 Ella va a manejar el carro.
  Ella manejaría un carro si tuviera uno.
  Ella va a agarrar la pelota.
  Ella habría agarrado la pelota si no se hubiera
  caído.

10 Tiene los pies secos porque él lleva botas.
  Si él hubiera llevado botas, tendría los pies secos.
  Tiene el pelo seco porque ella usa el paraguas.
  Si ella hubiera usado un paraguas, tendría el
  pelo seco.

01   Las culebras son reptiles.
Las tortugas son reptiles.
Las mariposas son insectos.
Los sapos son anfibios.

02   Este animal es un ave.
Este animal es un pez.
Este animal es un reptil.
Este animal es un mamífero.

03   Este animal es un anfibio.
Este animal es un insecto.
Este animal es un reptil.
Este animal es un mamífero.

04   Esta ave no puede volar.
Este mamífero puede volar.
Este mamífero vive en el agua.
Esta ave puede hablar.

05   Este reptil come carne. Es un carnívoro.
Este mamífero come carne y plantas. Es un
omnívoro.
Este mamífero come plantas. Es un herbívoro.
Esta ave come animales muertos. Es un
necrófago.

06   Este insecto puede volar.
Este reptil podía volar.
Este anfibio no puede volar.
Este mamífero puede volar.

07   Esta ave es un macho.
Esta ave es una hembra.
Este mamífero es un macho.
Este mamífero es una hembra.

08   Este animal es un macho.
Este animal es una hembra.
Esta persona es un hombre.
Esta persona es una mujer.

09   Esta ave es un animal salvaje.
Esta ave es un animal doméstico.
Este mamífero es un animal doméstico.
Este mamífero es un animal salvaje.

10   Este animal doméstico no es una mascota.
Este animal salvaje es peligroso.
Este animal salvaje no es peligroso.
Este animal doméstico es una mascota.

01   ¿Qué animal siempre nada, nunca camina y nunca
vuela?
¿Qué animal nunca nada, raramente camina y
vuela mucho?
¿Qué animal a veces nada y a veces camina, pero
nunca vuela?
¿Qué animal a veces nada, a veces camina y a
veces vuela?

02   El estudiante no entiende el problema
matemático.
El estudiante le dice a la profesora: "¿Me puede
ayudar?"
La profesora le explica el problema matemático.
Ahora el estudiante entiende el problema
matemático.

03   Me gustaría cobrar este cheque.
Me gustaría retirar veinte dólares.
Me gustaría cambiar veinte dólares por cuatro
billetes de cinco dólares.
Me gustaría cambiar veinte dólares por marcos
alemanes.

04   Ellos se miran.
Nosotros nos miramos.
Ellos nos miran.
Nosotros los miramos.

05   Cuando una persona susurra, habla suavemente.
Cuando una persona grita, habla fuertemente.
El niño trabaja sin hacer ruido.
El niño juega ruidosamente.

06   ¡Ten cuidado! ¡Hay vidrio roto!
¡Ten cuidado! ¡Está caliente!
¡Ten cuidado! ¡No lo sueltes!
¡Cuidado! ¡Viene un carro!

07   Ella está bebiendo a sorbos.
Ella está bebiendo a tragos.
Ella está chupando.
Ella está soplando.

08   ¿Cuántos años tiene ella? Ella tiene diez años.
¿Cuántos años tiene ella? Ella tiene setenta años.
¿A qué temperatura está el agua? Está a unos 25
grados centígrados.
¿A qué temperatura está el agua? Está por debajo
de un grado centígrado.

09   Él puede leer el periódico.
Él podría leer el periódico si no estuviera al revés.
Si lloviera, ella usaría el paraguas.
Ella está usando el paraguas porque está
lloviendo.

10   Este reptil come carne. Es un carnívoro.
Este mamífero come carne y plantas. Es un
  omnívoro.
Este mamífero come plantas. Es un herbívoro.
Esta ave come animales muertos. Es un
  necrófago.

01   Podemos ver todo el carro.
No podemos ver todo el carro porque está
  cubierto.
Podemos ver a todo el niño.
No podemos ver a todo el niño porque está
  escondiéndose detrás de un árbol.

02   Podemos ver a todo el niño.
Podemos ver sólo la mitad superior del niño.
Podemos ver sólo la mitad inferior del niño.
No podemos ver al niño porque está
  escondiéndose debajo de un abrigo.

03   Podemos ver al niño entero.
No podemos ver la mitad inferior del niño.
No podemos ver la mitad superior del niño.
No podemos ver al niño.

04   No podemos ver la cara del hombre.
No podemos ver la nariz del hombre porque está
  cubierta por el humo.
No podemos ver la cabeza de la mujer.
No podemos ver la cara de la mujer. Está de
  espaldas a nosotros.

05   No podemos ver la cabeza ni los pies del hombre.
No podemos ver los pies del hombre, pero
  podemos ver su cabeza.
No podemos ver los pies de las mujeres.
No podemos ver las cabezas de las mujeres.

06   El pelo de esta mujer es rubio.
No sabemos de qué color es el pelo de esta mujer
  porque no podemos verlo.
Este hombre es Mikhail Gorbachev.
No sabemos quién es este hombre porque no
  podemos ver su cara.

07   Hay tres personas en este barco de vela.
No podemos ver cuántas personas hay en estos
  barcos de vela.
Podemos ver cuántas canicas hay.
No podemos ver cuántas canicas hay.

08   No podemos ver qué está bebiendo la mujer.
Sí podemos ver qué está bebiendo la mujer.
Sí podemos ver qué tiene la niña en la mano.
No podemos ver qué tiene la niña en la mano.

09   Podemos ver que esta persona es una niña.
Sí podemos ver que esta persona no es un bebé,
  pero no podemos saber si esta persona es un
  niño o una niña.
Podemos ver que esta persona es un niño.
No podemos ver si este bebé es un niño o
  una niña.

13-01 Continuación

10 Podemos ver quién está ganando.
No podemos ver quién está ganando.
Podemos ver qué hora es porque el reloj está
cerca.
No podemos ver qué hora es porque el reloj está
muy lejos.

13-02 Más verbos

01 El hombre cuenta con los dedos.
Él cuenta con papel y lápiz.
Él arrastra la bolsa de papel.
Él arrastra la silla.

02 Él se aprieta el cinturón.
Él se suelta el cinturón.
Él los guía.
Él los sigue.

03 Ellas lo siguen.
Ella los sigue.
Él las sigue.
Ellos la siguen.

04 Él construye algo con los bloques.
Él mantiene algo en equilibrio en la cabeza.
Ellos construyen algo con los bloques.
Ellos mantienen algo en equilibrio en la cabeza.

05 Ella mantiene una jarra en equilibrio en la cabeza.
Ella sostiene la jarra encima de la cabeza.
Ella sostiene la jarra en el hombro.
Ella sostiene la jarra en los brazos.

06 El libro está sobre la mesa.
El libro está debajo de la mesa.
El libro está en la mesa.
Él mantiene el libro en equilibrio en la cabeza.

07 Ella descansa en el pasto.
Ella las guía hacia afuera.
Ellos descansan en el pasto.
Ella los guía hacia adentro.

08 Es fácil para él mantener el equilibrio sobre la
cerca.
Es difícil para él mantener el equilibrio sobre la
cerca.
Es fácil caminar sosteniendo una jarra de agua.
Es difícil caminar manteniendo una jarra de agua
en equilibrio en la cabeza.

09 Él cuenta los globos.
Él hace estallar los globos.
Él cuenta las cajas.
Él arrastra la caja.

10 Él se ata la corbata.
Él se suelta la corbata.
Ellos construyen algo con los bloques.
Ellos no construyen nada. Ellos mantienen algo
en equilibrio en la cabeza.

13-03 Hacer compras: tiendas, precios y valores

01 un mercado
un supermercado
un restaurante
un almacén

02 Esta máquina vende gaseosas.
Esta máquina vende bocados.
Este hombre vende fruta.
Este hombre vende ropa.

03 Alguien está comprando una gaseosa de la
máquina vendedora.
Alguien está comprando un bocado de la máquina
vendedora.
Alguien está comprando un periódico de la
máquina vendedora.
Alguien está comprando un periódico en una
tienda.

04 El hombre vende plantas.
El hombre compra pan.
La mujer compra plantas.
La mujer vende pan.

05 ¿Cuánto cuesta el periódico?
Cuesta 200 pesos.

¿Cuánto cuesta la camisa?
Cuesta unos 80.000 pesos.

¿Cuánto cuesta el televisor?
Cuesta unos 250.000 pesos.

¿Cuánto cuesta el carro?
Cuesta unos 10 millones de pesos.

06 ¿Cuánto cuesta esto?
Cuesta 200 pesos.

¿Cuánto cuesta esto?
Cuesta unos 80.000 pesos.

¿Cuánto cuesta esto?
Cuesta unos 250.000 pesos.

¿Cuánto cuesta esto?
Cuesta unos 10 millones de pesos.

07 ¿Qué artículo cuesta más: un carro, una camiseta
o un televisor?
¿Qué artículo cuesta menos que un carro, pero
más que una camiseta?
¿Qué artículo cuesta menos: una camiseta, un
periódico o un televisor?
¿Qué artículo cuesta más que un periódico, pero
menos que un televisor?

08 Ésta es una comida barata.
Ésta es una comida cara.
Éste es un carro caro.
Éste es un carro barato.

09 La mujer es dueña de este sombrero.
La mujer no es dueña de este supermercado.
El hombre es dueño de este carro.
El hombre no es dueño de este tren.

10 Esta pulsera no vale mucho dinero.
Esta pulsera vale mucho dinero.
Este carro no vale mucho dinero.
Este carro vale mucho dinero.

13-04 Comer en casa–comer fuera de casa; preparación de la comida

01 una panadería
una máquina vendedora
un café
una cafetería

02 un supermercado
una gasolinera
un quiosco de periódicos
un restaurante

03 Él está comprando pan en una panadería.
Él está probándose zapatos en una zapatería.
Él está probándose ropa en un almacén de ropa.
Él se está cortando el pelo en una peluquería.

04 Ella pone la mesa.
Ella hace la comida.
Ella sirve la comida.
Ella come la comida.

05 Ella está lavando algo.
Ella está pelando algo.
Ella está cortando algo en pedazos.
Ella está poniendo algo en la sartén.

06 Ella fríe un huevo.
Ella hierve un huevo.
Ella rompe un huevo.
Ella bate un huevo.

07 Él come fuera de casa.
Él come en casa.
Ella come fuera de casa.
Ella come en casa.

08 Éste es un lugar para comprar víveres para preparar una comida en casa.
Éste es un lugar para comprar y comer comida preparada.
Éste es un lugar para comprar bocados. No es un lugar para comprar comida preparada.
Éste es un lugar para comprar un periódico. No es un lugar para comprar comida.

09 Los dulces son bocados.
Las papas fritas son bocados.
El hombre no come un bocado. Él come una comida.
El hombre no come una comida. Él come un bocado.

10 Estos estudiantes comen en una cafetería.
Estas personas comen en un restaurante.
Estas personas comen una comida en casa.
Estas personas comen unos bocados.

13-05 De compras en el supermercado

01 un supermercado
filas de carretillas
una caja registradora
La clienta está mirando una lista de compras.

02 Él empuja una carretilla.
Ella pone la leche en la carretilla.
Él pone la gaseosa en la carretilla.
Ella escoge la carne de res.

03 ¿Qué racimo de bananas te gusta más?
Me gusta más éste.
Ella pone el racimo de bananas en la carretilla.
Ella pone las naranjas en la carretilla.

04 Ella saca verdura congelada.
Ella saca verdura fresca.
Ella saca verdura enlatada.
Ella saca fruta fresca.

05 Ella tiene una torta.
Ella pone un pan en la carretilla.
Ella le da un repollo a Jorge.
Él pone el repollo en la carretilla.

06 Ella está pesando unas naranjas.
Ella está pesando unas verduras frescas.
Ella está poniendo unas papas en una bolsa.
Ella está poniendo unas cebollas en una bolsa.

07 Jorge, ¿cómo se llama esta fruta?
Piña.
Jorge, ¿cómo se llama esta verdura?
Lechuga.

08 Los clientes están en fila en la caja.
La clienta está poniendo los víveres en el mostrador.
La cajera está marcando los artículos en la caja registradora.
La cajera está poniendo los víveres en una bolsa.

09 Ella escribe un cheque.
Ella le da el cheque a la cajera.
La cajera abre la caja registradora.
La cajera pone el cheque en la caja registradora.

10 La cajera le da el recibo a la clienta.
El cliente sale del supermercado con los víveres.
Ella abre la puerta del carro.
Él pone los víveres en el carro.

13-06 Hablar demasiado rápido–repetir más despacio

01 Él no puede hablar ningún idioma. Solamente la
gente puede hablar.
Esta persona no puede hablar. Esta persona es
demasiado joven para hablar.
Esta mujer habla con el hombre.
La mujer habla con la niña.

02 Estas personas hablan coreano.
Estas personas hablan inglés.
Esta persona habla árabe.
Esta persona habla ruso.

03 Estas personas hablan chino.
Estos hombres hablan griego.
Estos hombres hablan alemán.
Estas personas hablan inglés.

04 En este país, la gente habla francés.
En este país, la gente habla japonés.
En este país, la gente habla español.
En este país, la gente habla italiano.

05 Esa banana se ve rica. Tengo hambre.
Perdóneme. Estoy aprendiendo español. ¿Podría
repetir eso lentamente?
Dije: "La banana se ve rica. Tengo hambre".

Me gusta ese sombrero morado.
Perdóneme. Estoy aprendiendo español. ¿Podría
repetir eso lentamente?
Dije: "Me gusta ese sombrero morado".

Ese bebé es lindo.
Perdóneme. Estoy aprendiendo español. ¿Podría
repetir eso lentamente?
Dije: "El bebé es lindo".

Me gustaría tener una limosina como ésa.
Perdóneme. Estoy aprendiendo español. ¿Podría
repetir eso lentamente?
Dije: "Me gustaría tener una limosina como ésa".

06 Solamente hay un ciclista.
Perdóname. No entendí lo que dijiste. ¿Podrías
repetirlo?
Dije que solamente hay un ciclista.

Hay muchos ciclistas.
Perdóname. No entendí lo que dijiste. ¿Podrías
repetirlo?
Dije que hay muchos ciclistas.

Hay muchos sombreros.
Perdóname. No entendí lo que dijiste. ¿Podrías
repetirlo?
Dije que hay muchos sombreros.

Solamente hay dos sombreros.
Perdóname. No entendí lo que dijiste. ¿Podrías
repetirlo?
Dije que solamente hay dos sombreros.

07 Esta persona tiene bigote pero no tiene barba.
¿Podría repetir eso, por favor? Solamente sé un
poco de español.
Esta persona tiene bigote pero no tiene barba.

Esta persona tiene barba pero no tiene bigote.
¿Podría repetir eso, por favor? Solamente sé un
poco de español.
Esta persona tiene barba pero no tiene bigote.

Esta persona tiene bigote y tiene barba.
¿Podría repetir eso, por favor? Solamente sé un
poco de español.
Esta persona tiene bigote y tiene barba.

Esta persona no tiene bigote ni tiene barba.
¿Podría repetir eso, por favor? Solamente sé un
poco de español.
Esta persona no tiene bigote ni tiene barba.

08 Hay un dibujo de gatos en esta camiseta.
Estoy aprendiendo a hablar español. ¿Podrías
repetir eso lentamente?
Dije que hay un dibujo de gatos en esta camiseta.

Hay un dibujo de un oso en esta camiseta.
Estoy aprendiendo a hablar español. ¿Podrías
repetir eso lentamente?
Dije que hay un dibujo de un oso en esta
camiseta.

Hay un dibujo de una cara en esta camiseta.
Estoy aprendiendo a hablar español. ¿Podrías
repetir eso lentamente?
Dije que hay un dibujo de una cara en esta
camiseta.

No hay un dibujo en esta camiseta.
Estoy aprendiendo a hablar español. ¿Podrías
repetir eso lentamente?
Dije que no hay un dibujo en esta camiseta.

09   ¿Cuántas flores hay?
      Yo sé la respuesta a su pregunta. Hay una flor.

      ¿Cuántos globos de aire hay en el cielo?
      Yo sé la respuesta a su pregunta. Hay tres globos
      de aire en el cielo.

      ¿Cuántos globos de aire hay en el cielo?
      No sé la respuesta a su pregunta.

      ¿Cuántas flores hay?
      No sé la respuesta a su pregunta.

10   ¿Cuántas bicicletas hay?
      ¿Qué dijo?
       Le pregunté: "¿Cuántas bicicletas hay?"
      Hay una bicicleta.

      ¿Cuántos sombreros hay?
      ¿Qué dijo?
      Le pregunté: "¿Cuántos sombreros hay?"
      Hay muchísimos sombreros.

      ¿Cuántos sombreros hay?
      ¿Qué dijo?
      Le pregunté: "¿Cuántos sombreros hay?"
      Hay dos sombreros.

      ¿Cuántas bicicletas hay?
      ¿Qué dijo?
      Le pregunté: "¿Cuántas bicicletas hay?"
      Hay varias bicicletas.

01   Linda quiere visitar a su amiga.
      Ella se cepilla el pelo con el cepillo de pelo.
      Ella se cepilla los dientes con un cepillo de
       dientes.
      Ella se pone colorete.

02   Linda piensa en qué quiere empacar.
      Ella pone el cepillo de dientes y la pasta dental en
       su maletín.
      Linda pone el champú en su maletín.
      Ella pone una pastilla de jabón en su maletín.

03   Ella cierra su maletín.
      Ella pone su maletín en la maleta.
      Linda pone su ropa en la maleta.
      Linda cierra la maleta.

04   Ella apaga el televisor.
      Linda cierra la ventana.
      Ella cierra las cortinas.
      Linda apaga la luz.

05   Ella recoge sus anteojos de sol.
      Linda se pone los anteojos de sol.
      Ella sale de la casa con su maleta.
      Ella saca las llaves de la casa de su bolso.

06   Linda cierra la puerta de la casa con llave.
      Linda lleva la maleta al carro.
      Ella saca la llave del carro de su bolso.
      Ella usa la llave y abre el baúl.

07   Linda pone la maleta en el baúl.
      Linda cierra el baúl.
      Ella abre el capó.
      Ella chequea el aceite.

08   Linda le pone aceite al carro.
      Linda le echa agua al carro.
      Ella chequea la presión del aire.
      Ella ajusta el espejo.

09   Linda va a una gasolinera.
      Linda le pone aire a una llanta.
      Ella llena el tanque con gasolina.
      Ella saca una gaseosa.

10   Linda saca un mapa.
      Linda paga por todo lo que compró.
      Ella recibe su cambio.
      Ella se va.

13-08 Pedir cosas

01 Pásame la llave, por favor.
Pásame la sal, por favor.
Pásame el serrucho, por favor.
Pásame la toalla, por favor.

02 El mecánico recibió lo que pidió.
El mecánico no recibió lo que pidió.
La persona que está en la cocina recibió lo
que pidió.
La persona que está en la cocina no recibió lo
que pidió.

03 Esta persona pidió una llave.
La secretaria no pidió una llave.
Esta persona pidió una toalla.
El carpintero no pidió una toalla.

04 Esta persona pide una llave.
Esta persona pide la carta.
Esta persona pide un serrucho.
Esta persona pide una toalla.

05 Pásame la carta, por favor.
Pásame el teléfono, por favor.
Pásame el martillo, por favor.
Pásame el control remoto, por favor.

06 El hombre pide la pimienta.
El hombre pide el martillo.
La mujer pide la sal.
La mujer pide el control remoto.

07 El muchacho le hace una pregunta a la profesora.
La profesora le responde.
El símbolo rojo es un signo de interrogación.
El símbolo rojo es un punto.

08 ¿Dónde están las llaves de mi carro?
Están al lado de la lámpara.
¿Qué hora es?
Son las dos.

09 Ella le hace una pregunta.
Él le responde.
Él le hace una pregunta.
Ella le responde.

10 Ella le pide algo.
Él le hace una pregunta.
Él le pasa el teléfono.
Ella le pasa el teléfono.

13-09 Muy grande, tamaño adecuado, demasiado, suficiente, poco

01 Esta camisa no le queda bien al niño. La talla es
muy grande.
Esta camisa le queda bien al niño. La talla es
correcta.
Esta camisa no le queda bien al hombre. La talla
es muy pequeña.
Esta camisa le queda bien al hombre. La talla es
correcta.

02 La llave no cabe en la cerradura.
La llave cabe en la cerradura.
El niño cabe en el hueco.
El niño no cabe en el hueco.

03 El niño puede montar la bicicleta solo.
El niño es demasiado pequeño para montar la
bicicleta solo.
La bicicleta es demasiado pequeña para el hombre.
La camisa es demasiado pequeña para el hombre.

04 Hace demasiado frío para ir a nadar.
No hace demasiado frío para ir a nadar.
Es demasiado alto para saltar desde aquí.
No es demasiado alto para saltar desde aquí.

05 Es demasiado lejos para ir a este planeta.
No es demasiado lejos para ir a este planeta.
Es el planeta Tierra.
Hace demasiado frío para llevar pantalones
cortos.
No hace demasiado frío para llevar pantalones
cortos.

06 La mujer está llenando algo.
La mujer está vaciando algo.
La mujer ha llenado algo.
La mujer ha vaciado algo.

07 No hay suficiente leche para llenar el vaso.
Hay demasiada leche. El vaso no puede
contenerla.
Hay suficientes tenedores para el plato.
No hay suficientes tenedores para el plato.

08 Estas canicas no llenarán el vaso.
Estas canicas podrán llenar el vaso exactamente.
Estas canicas llenarán el vaso y sobrarán.
Esta leche llenará el vaso y sobrará.

09 Las canicas no llenan el vaso.
Las canicas llenan el vaso y sobran.
Las canicas llenan el vaso y no sobran.
La leche llena el vaso y sobra.

10 Las canicas llenan el vaso y unas pocas sobran.
Las canicas llenan el vaso y muchas sobran.
Las canicas llenan el vaso y no sobran.
Las canicas no llenan el vaso.

13-10 Antónimos: olvidar–acordarse, perder–encontrar, mentir–decir la verdad

01 Este hombre se olvidó de abrocharse el cinturón.
Este hombre se acordó de abrocharse el cinturón.
Este hombre se olvidó de atarse los cordones de los zapatos.
Este hombre se acordó de atarse los cordones de los zapatos.

02 Él se olvidó de peinarse el pelo.
Él se acordó de peinarse el pelo.
Él se olvidó de comprar gasolina.
Él se acordó de comprar gasolina.

03 Él olvidó su maletín.
Él olvidó su pasaporte.
Él no olvidó su maletín.
Él no olvidó su pasaporte.

04 A ella se le han perdido las llaves.
Ella ha encontrado las llaves.
A él se le ha perdido su cambio.
Él ha encontrado su cambio.

05 A él se le ha perdido su bolígrafo.
Él ha encontrado su bolígrafo.
A ella se le ha perdido su colorete.
Ella ha encontrado su colorete.

06 Ella está escuchando música.
Él la está escuchando hablar.
Él está escuchando música.
Ella lo está escuchando hablar.

07 Ellos la están escuchando hablar.
Ellos están escuchando música.
Ella los está escuchando hablar.
Ella no los puede oír porque usa audífonos.

08 Al muchacho se le rompió la taza.
La madre pregunta: "¿Quién rompió la taza?"
El muchacho miente. Él dice: "Yo no lo hice. Él lo hizo".
El muchacho dice la verdad. Él dice: "A mí se me rompió la taza".

09 Se le rompió la taza al muchacho.
La madre dice: "¿Quién rompió la taza?"
El muchacho miente.
El muchacho dice la verdad.

10 El hombre dice: "Yo no tengo ningún libro".
Él dice la verdad.
El hombre dice: "Yo no tengo ningún libro".
Él dice una mentira.
La mujer dice: "Yo no tengo dinero". Ella dice una mentira.
La mujer dice: "Yo no tengo dinero". Ella dice la verdad.

13-11 Repaso: Parte Trece

01 Podemos ver quién está ganando.
No podemos ver quién está ganando.
Podemos ver qué hora es porque el reloj está cerca.
No podemos ver qué hora es porque el reloj está muy lejos.

02 Ellas lo siguen.
Ella los sigue.
Él las sigue.
Ellos la siguen.

03 ¿Qué artículo cuesta más: un carro, una camiseta o un televisor?
¿Qué artículo cuesta menos que un carro, pero más que una camiseta?
¿Qué artículo cuesta menos: una camiseta, un periódico o un televisor?
¿Qué artículo cuesta más que un periódico, pero menos que un televisor?

04 Él está comprando pan en una panadería.
Él está probándose zapatos en una zapatería.
Él está probándose ropa en un almacén de ropa.
Él se está cortando el pelo en una peluquería.

05 La cajera le da el recibo a la clienta.
El cliente sale del supermercado con los víveres.
Ella abre la puerta del carro.
Él pone los víveres en el carro.

06 Solamente hay un ciclista.
Perdóname. No entendí lo que dijiste. ¿Podrías repetirlo?
Dije que solamente hay un ciclista.

Hay muchos ciclistas.
Perdóname. No entendí lo que dijiste. ¿Podrías repetirlo?
Dije que hay muchos ciclistas.

Hay muchos sombreros.
Perdóname. No entendí lo que dijiste. ¿Podrías repetirlo?
Dije que hay muchos sombreros.

Solamente hay dos sombreros.
Perdóname. No entendí lo que dijiste. ¿Podrías repetirlo?
Dije que solamente hay dos sombreros.

07 Linda va a una gasolinera.
Linda le pone aire a una llanta.
Ella llena el tanque con gasolina.
Ella saca una gaseosa.

**Ganar–perder; pasar–no pasar;
esconder, buscar, encontrar**

08 Ella le hace una pregunta.
Él le responde.
Él le hace una pregunta.
Ella le responde.

09 Las canicas llenan el vaso y unas pocas sobran.
Las canicas llenan el vaso y muchas sobran.
Las canicas llenan el vaso y no sobran.
Las canicas no llenan el vaso.

10 Se le rompió la taza al muchacho.
La madre dice: "¿Quién rompió la taza?"
El muchacho miente.
El muchacho dice la verdad.

01 Los niños echan una carrera en las escaleras hasta arriba.
Los niños echaron una carrera en las escaleras. La niña ganó.
Las piezas blancas han ganado.
Las piezas blancas han perdido.

02 La mujer ganó el juego.
La mujer perdió el juego.
El hombre ganó el juego.
El hombre perdió el juego.

03 Nadie ha rendido el examen todavía.
Andrés está rindiendo el examen.
Pablo pasó el examen.
José no pasó el examen.

04 Él pasó.
Él no pasó.
Él ganó.
Él perdió.

05 Ella ha perdido la carrera.
Ella ha ganado la carrera.
Ella ha perdido el arete.
Ella ha encontrado su arete.

06 A él se le caen las llaves.
Él está buscando las llaves.
Él ha encontrado las llaves.
Él está usando las llaves.

07 La niña tiene los ojos cerrados.
El niño está escondido.
La niña está buscando al niño.
La niña ha encontrado al niño.

08 El niño está escondido.
La niña está escondida.
El niño está buscando a la niña.
El niño ha encontrado a la niña.

09 El hombre está perdido. No sabe dónde está.
El hombre abre el mapa.
El hombre encuentra dónde está en el mapa.
Ahora el hombre sabe adónde va.

10 Estoy escondida.
Estoy buscando.
Yo gané la carrera.
Yo perdí la carrera.

14-02   Los cinco sentidos: olfato, vista, oído, gusto y tacto

01   La gente huele con esto.
La gente ve con esto.
La gente oye con esto.
La gente prueba con esto.

02   El hombre huele la flor.
El hombre huele el café.
La mujer prueba la sal.
La mujer prueba la sopa.

03   El hombre huele el café.
El hombre prueba el café.
La mujer huele la sopa.
La mujer prueba la sopa.

04   Los limones saben agrios.
El azúcar sabe dulce.
Los chiles saben picantes.
La sal sabe salada.

05   Esto sabe agrio.
Esto sabe dulce.
Esto sabe picante.
Esto sabe salado.

06   Algo huele bien.
Algo huele mal.
Esto se siente áspero y duro.
Esto se siente liso y duro.

07   Esto sabe rico.
Esto sabe mal.
Esto se siente suave, no áspero y duro.
Esto se siente duro y áspero.

08   La mujer siente que el lápiz está afilado.
La mujer siente que el lápiz está desafilado.
Este lado del cuchillo se siente afilado.
Este lado del cuchillo se siente desafilado.

09   Esta persona hace un sonido fuerte. Él está gritando.
Esta persona hace un sonido suave. Él está susurrando.
Este instrumento musical hace un sonido agudo.
Este instrumento musical hace un sonido grave.

10   Esta persona está gritando.
Esta persona está susurrando.
Este cohete está haciendo mucho ruido.
Este cohete no está haciendo ningún ruido.

14-03   En el pasado, el presente y el futuro

01   Este tipo de vehículo se usa hoy día.
Este tipo de vehículo se usaba hace mucho tiempo.
Este tipo de ropa se lleva hoy día.
Este tipo de ropa se llevaba hace mucho tiempo.

02   un carro del presente
un carro del pasado
un camión del presente
un camión del pasado

03   Esta persona era una niña.
Esta persona es una niña.
Esta persona era un niño.
Esta persona es un niño.

04   Esta persona es una mujer.
Un día esta persona será una mujer.
Esta persona es un hombre.
Un día esta persona será un hombre.

05   Éste es un medio de transporte que era más común en el pasado.
Éste es un medio de transporte que es más común en el presente.
Ésta es una estructura de una civilización antigua.
Ésta es una estructura de una civilización moderna.

06   Éste es un año del pasado reciente.
Éste es un año del pasado distante.
Éste es un año del futuro cercano.
Éste es un año del futuro distante.

07   Éste es un carro antiguo.
Éste es un carro moderno.
Éste es un edificio antiguo.
Éste es un edificio moderno.

08   En el pasado, algunas personas vivían en casas como ésta.
Ahora algunas personas viven en casas como ésta.
En el pasado, la gente llevaba ropa como ésta.
Ahora la gente lleva ropa como ésta.

09   Ésta es una cámara antigua.
Ésta es una cámara moderna.
Estas personas llevan ropa antigua.
Estas personas llevan ropa moderna.

10   Esto se hacía en el pasado distante.
Esto se hace ahora.
Esto puede ser lo que se hará en el futuro.
Esto se hacía en el pasado reciente.

14-04 Salud–enfermedad; profesionales de la salud

01 Me duele la garganta.
Me duele el estómago.
Me duele la cabeza.
Tengo fiebre.

02 Él está resfriado.
Él tiene fiebre.
Ambas personas están enfermas.
Ninguna de estas personas está enferma.

03 Me duele la mano.
Me duele el pie.
Estoy muy cansado.
Me duele la rodilla.

04 Esta persona necesita ver a un dentista. Tiene
dolor de muelas.
Esta persona necesita ver a un médico. Él tiene
fiebre.
Este hombre es un médico.
Este hombre es un dentista.

05 ¿Tienes fiebre?
¿Estás resfriado?
Esta persona llama una ambulancia.
Este vehículo es una ambulancia.

06 Esta persona es una paciente.
Esta persona no es una paciente.
Estas personas son pacientes.
Estas personas no son pacientes.

07 Este hombre está usando muletas.
Este hombre se está atragantando.
Esta mujer está usando un collar ortopédico.
Esta mujer está usando una tablilla.

08 Él está tosiendo.
Él está estornudando.
Él está sonándose la nariz porque está resfriado.
Él está temblando porque tiene frío.

09 Él se siente enfermo.
Él se siente bien.
Ella se siente enferma.
Ella se siente bien.

10 Ella está tomando la medicina.
Él está tomando la medicina.
A la paciente le ponen una inyección.
La enfermera está poniendo una inyección.

14-05 Querer, tener que, deber; el condicional

01 Ella juega en la computadora porque ella quiere.
Ella mira la televisión porque ella quiere.
Él hace su tarea porque tiene que hacerla.
Él come la ensalada porque tiene que comerla.

02 Ella hace lo que quiere hacer.
Ella hace lo que tiene que hacer.
Ella come algo que quiere comer.
Ella come algo que tiene que comer.

03 Ella quiere ir afuera, pero tiene que quedarse
adentro.
Ella quiere comer helado, pero tiene que comer
ensalada.
Ella quiere mirar la televisión, pero tiene que
hacer su tarea.
Ella quiere jugar al dominó, pero tiene que
practicar el piano.

04 Yo quiero comer helado.
No puedes. Tienes que comer tu ensalada.

Yo quiero mirar la televisión.
No puedes. Tienes que hacer tu tarea.

Yo quiero ir afuera.
No puedes. Tienes que quedarte adentro.

Yo quiero una galleta.
Puedes comer una galleta. Toma.

05 Ella hace su tarea.
Ella debería hacer su tarea en vez de jugar en la
computadora.
Ella no debería tirar el vaso.
Ella no debería haber tirado el vaso.

06 Ella debería parar de echar cuando la taza se
llene.
Ella debería haber parado de echar cuando la taza
se llenó.
Ella no debería correr en la casa.
Ella no debería haber corrido en la casa.

07 Ella está haciendo lo que debe.
Ella no está haciendo lo que debe.
Él está haciendo lo que debe.
Él no debería hacer lo que está haciendo.

08 Ella jugaría pero no puede. Tiene que hacer su
tarea.
Ella miraría la televisión pero no puede. Tiene
que lavar los platos.
Ella comería el helado pero no puede. Tiene que
comer la ensalada.
Ella se quedaría despierta pero no puede. Tiene
que irse a la cama.

09 No debes hacer eso.
Ella preferiría mirar la televisión en vez de
limpiar el piso.
No quiero aspirar el piso. Preferiría leer un libro.
Ella sacaría la olla de encima del armario, pero no
puede. Ella necesita una silla.

10 ¿Qué preferirías hacer, jugar un juego o mirar la
televisión?
Preferiría mirar la televisión.
¿Qué preferirías comer, fruta o una galleta?
Yo debería comer fruta, pero preferiría comer una
galleta.

01 metal
madera
ladrillo
vidrio

02 cuero
papel
barro
tela

03 harina
piedra
lana
plástico

04 Esto es de lana.
Esto es de metal y madera.
Esto es de ladrillo.
Esto es de vidrio y piedra.

05 Estos artículos son de cuero.
Estos artículos son de papel.
Estos artículos son de barro.
Estos artículos son de plástico.

06 Esto es de tela.
Esto es de piedra.
Esto es de madera.
Esto es de metal.

07 Las casas se hacen de estos materiales.
Los libros se hacen de estos materiales.
La torta se hace con estos ingredientes.
La sopa se hace con estos ingredientes.

08 Estas herramientas se usan para trabajar con tela.
Estas herramientas se usan para reparar
computadoras.
Estas herramientas se usan para trabajar con
madera.
Estas herramientas se usan para reparar carros.

09 Este material se usa para hacer sillas.
Estos ingredientes se usan para hacer pan.
Estos materiales se usan para hacer ropa.
Este material se usa para hacer ventanas.

10 Esto es de papel.
Esto se usa para hacer libros.
Esto se usa para hacer casas y muebles.
Esto es de ladrillo.

01 Esta tabla de madera está vertical.
Esta tabla de madera está horizontal.
Esta tabla de madera no está ni horizontal ni
  vertical.
La soga está horizontal.

02 una recta
un ángulo
El radio del círculo es rojo.
El arco del círculo es rojo.

03 un ángulo de 90 grados
un ángulo de 45 grados
un ángulo de 30 grados
un ángulo de 70 grados

04 La línea roja biseca el ángulo.
La línea roja no biseca el ángulo.
El segmento de recta AD biseca el segmento
  de recta BC.
El segmento de recta AD no biseca el segmento
  de recta BC.

05 Hay más distancia entre el 1 y el 2 que entre
  el 3 y el 4.
Hay más distancia entre el 3 y el 4 que entre
  el 1 y el 2.
Hay más distancia entre el 5 y el 6 que entre
  el 7 y el 8.
Hay más distancia entre el 7 y el 8 que entre
  el 5 y el 6.

06 El 3 está más cerca del 4 que el 1 del 2.
El 1 está más cerca del 2 que el 3 del 4.
El 7 está más cerca del 8 que el 5 del 6.
El 5 está más cerca del 6 que el 7 del 8.

07 Ésta es una estrella completa.
Ésta es una estrella incompleta.
La línea entre A y B está completa.
La línea entre A y B está incompleta.

08 Ésta es la respuesta correcta al problema de
  multiplicación.
Ésta es una respuesta incorrecta al problema de
  multiplicación.
Veintidós dividido por dos es igual a once.
Veintidós dividido por dos no es igual a diez.

09 Dos tercios de este círculo están coloreados de
  rojo.
Un tercio de este círculo está coloreado de rojo.
Diez por ciento de este círculo está coloreado de
  verde.
Noventa por ciento de este círculo está coloreado
  de verde.

10 La mitad del área de este círculo es roja.
Más de la mitad del área de este círculo es roja.
Un cuarto del área de este cuadrado está
  coloreado de rojo.
Más de un cuarto del área de este cuadrado está
  coloreado de rojo.

14-08 Una visita al médico

01   Juanita mira el calendario. Hoy tiene que ir al médico.
Juanita está sentada en la sala de espera.
Juanita está sentada en el consultorio.
La enfermera entra al consultorio.

02   La enfermera le pregunta a Juanita: "¿Cuál es su fecha de nacimiento?"
Juanita dice: "Yo nací el once de noviembre de 1978".
La enfermera pesa a Juanita.
La enfermera mide a Juanita.

03   Juanita pesa 56 kilos.
Juanita mide 1 metro con 67 centímetros.
La enfermera le toma la temperatura.
La enfermera le toma el pulso.

04   La temperatura de Juanita es de 36,8 grados centígrados.
El pulso de Juanita es de 72 latidos por minuto.
La enfermera le toma la presión.
La enfermera le dice a Juanita que su presión es de 130 sobre 84.

05   La enfermera le pide a Juanita que le dé una prueba de orina.
La enfermera le saca sangre.
El médico le examina la garganta.
El médico le examina los oídos.

06   Juanita retiene la respiración. El médico escucha los latidos de su corazón.
El médico le chequea los reflejos.
Juanita inhala. El médico escucha su respiración.
Juanita exhala. El médico escucha su respiración.

07   El médico usa un estetoscopio para chequearle los latidos del corazón a Juanita.
La enfermera usa los dedos para chequearle el pulso.
La enfermera usa una jeringa para sacarle sangre.
La enfermera usa una balanza para pesarla.

08   El médico le pone una tablilla en la pierna.
La paciente tiene una tablilla en la pierna.
Esta persona está usando muletas.
Esta persona tiene la mano vendada.

09   La enfermera va a ponerle una inyección.
La enfermera le da una píldora a Juanita.
La enfermera está mirando algunas radiografías.
La enfermera le pone gotas en los oídos a Juanita.

10   El médico escribe una receta.
El médico le da la receta a Juanita.
Juanita le da la receta a la farmacéutica.
Juanita recibe su medicina de la farmacéutica.

14-09 Armas–fuerzas armadas

01   Estos tres hombres son soldados.
Muchos soldados juntos forman un ejército.
Estos hombres son atletas.
Este hombre es un soldado.

02   Estas personas están en el ejército.
Estas personas están en la marina.
Estas personas están en la fuerza aérea.
Estas personas no están en las fuerzas armadas.

03   Esto se usa en el ejército.
Esto se usa en la marina.
Esto se usa en la fuerza aérea.
Esto no se usa en las fuerzas armadas.

04   Los soldados llevan cascos para protegerse la cabeza.
Los boxeadores llevan cascos para protegerse la cabeza.
Esta pared fue construida para proteger un país.
Este castillo fue construido para proteger un pueblo.

05   Estos hombres luchan en la guerra.
Estos hombres luchan, pero no en la guerra.
Este soldado trabaja en un helicóptero.
Estos niños juegan con soldaditos de juguete.

06   Estos hombres pelean con espadas.
Estos hombres llevan escopetas y están luchando.
Estos hombres llevan escopetas, pero no están luchando.
Estos hombres no tienen armas.

07   un helicóptero militar
un helicóptero civil
un jet militar
un jet civil

08   la guerra
la paz
un arma
una herramienta

09   Estas personas están luchando en la guerra.
Estas personas no están luchando.
Las espadas son armas.
Las pistolas y las escopetas son armas.

10   Ésta es un arma.
Ésta no es un arma.
Estas personas están luchando.
Estas personas se están abrazando.

14-10 Acciones; casi, aunque, debido a, a pesar de

01 La niña no ha saltado todavía.
La niña no ha saltado y no saltará.
El niño no ha saltado y no saltará.
El niño no ha saltado todavía.

02 Él no ha comido la manzana todavía.
Él ha comido la manzana.
Él no se ha caído del caballo todavía.
Él se ha caído del caballo.

03 Ellos no han tocado el suelo todavía.
Ellos han tocado el suelo.
Él no ha tocado al agua todavía.
Él ha tocado el agua.

04 Son casi las cuatro y media.
Son las cuatro y media exactamente.
Es casi la una.
Es la una en punto.

05 Él casi ha terminado de leer el libro.
Él ha terminado de leer el libro.
Él casi ha terminado de doblar la ropa.
Él ha terminado de doblar la ropa.

06 ¿Por qué está comiendo el niño? Porque le gusta
   el postre.
El niño no está comiendo aunque le gusta el
   postre.
El niño está comiendo aunque no le gusta la
   ensalada.
¿Por qué no está comiendo el niño? Porque no le
   gusta la ensalada.

07 El hombre no se ha puesto el sombrero todavía.
El hombre se está poniendo el sombrero blanco.
Aunque ya tiene puesto un sombrero, él se está
   poniendo otro.
Aunque ya tiene puesto un abrigo, él se está
   poniendo otro.

08 A pesar del tiempo, ella usa un paraguas.
Debido al tiempo, ella usa un paraguas.
Debido a la hora, ella está dormida.
A pesar de la hora, ella está dormida.

09 La mujer está vestida así debido al tiempo.
La mujer está vestida así a pesar del tiempo.
El hombre está vestido así aunque hace calor.
El hombre está vestido así porque hace calor.

10 Debido a que es alta, ella puede alcanzar la caja.
A pesar de ser alta, ella no puede alcanzar la caja.
Debido a que es baja, ella no puede alcanzar la
   caja.
A pesar de ser baja, ella puede alcanzar la caja.

14-11 Repaso: Parte Catorce

01 Estoy escondida.
Estoy buscando.
Yo gané la carrera.
Yo perdí la carrera.

02 La gente huele con esto.
La gente ve con esto.
La gente oye con esto.
La gente prueba con esto.

03 Esto se hacía en el pasado distante.
Esto se hace ahora.
Esto puede ser lo que se hará en el futuro.
Esto se hacía en el pasado reciente.

04 Esta persona necesita ver a un dentista. Tiene
   dolor de muelas.
Esta persona necesita ver a un médico. Él tiene
   fiebre.
Este hombre es un médico.
Este hombre es un dentista.

05 Ella está haciendo lo que debe.
Ella no está haciendo lo que debe.
Él está haciendo lo que debe.
Él no debería hacer lo que está haciendo.

06 harina
piedra
lana
plástico

07 Esta tabla de madera está vertical.
Esta tabla de madera está horizontal.
Esta tabla de madera no está ni horizontal ni
   vertical.
La soga está horizontal.

08 El médico le pone una tablilla en la pierna.
La paciente tiene una tablilla en la pierna.
Esta persona está usando muletas.
Esta persona tiene la mano vendada.

09 Esto se usa en el ejército.
Esto se usa en la marina.
Esto se usa en la fuerza aérea.
Esto no se usa en las fuerzas armadas.

10 Él no ha comido la manzana todavía.
Él ha comido la manzana.
Él no se ha caído del caballo todavía.
Él se ha caído del caballo.

15-01 Emociones y sus expresiones

01 Ella está relajada.
Ella está preocupada.
Ella está cansada.
Ella está llorando.

02 Él está confundido.
Él está impaciente.
Él está avergonzado.
Él tiene miedo.

03 Él está orgulloso.
Ella está celosa.
Ella tiene miedo.
Él está cansado.

04 Él está enojado.
Él está aburrido.
Él está feliz.
Él está triste.

05 Él está triste. Está llorando.
Ella está triste. Está llorando.
Él está sorprendido. Acaba de ver algo.
Ella está sorprendida. Acaba de ver algo.

06 Esta mujer está haciendo mala cara.
Este hombre está haciendo mala cara.
Esta mujer está aburrida.
Este muchacho está aburrido.

07 Él está enojado.
Él está confundido.
Él tiene miedo.
Él está relajado.

08 Ella tiene miedo de mojarse.
Ella está llorando porque está triste.
Ella está feliz porque sus hijos la quieren.
Ella está aburrida porque no tiene nada que hacer.

09 Ellos están cansados.
Ellos están enojados.
Ella está enojada.
Ella tiene miedo.

10 ¿Cómo estás, Carmen?
Estoy triste.

¿Cómo estás, Fernando?
Estoy bien.

¿Cómo estás, Carmen?
Estoy feliz.

¿Cómo estás, Fernando?
Estoy preocupado.

15-02 El calendario: días y meses

01 lunes
martes
miércoles
jueves

02 viernes
sábado
domingo
jueves

03 domingo
viernes
martes
miércoles

04 enero
febrero
marzo
abril

05 mayo
junio
julio
agosto

06 septiembre
octubre
noviembre
diciembre

07 enero
abril
junio
septiembre

08 un día
una semana
un mes
un año

09 la primera semana del mes
la tercera semana del mes
el segundo martes del mes
el tercer martes del mes

10 Una semana normal de trabajo es de lunes a
viernes.
Un fin de semana es sábado y domingo.
La Navidad es un día de fiesta.
El día de Año Nuevo es un día de fiesta.

15-03 Acciones manuales

01   El niño le pega a la niña con la almohada.
     La niña le pega al niño con la almohada.
     Esta persona inhala.
     Esta persona exhala.

02   El hombre hace rebotar una pelota.
     La mujer hace rebotar una pelota.
     El hombre hace girar la pelota.
     La mujer hace girar la pelota.

03   La mujer le da la vuelta al naipe.
     La mujer se da la vuelta.
     El hombre le da la vuelta al naipe.
     El hombre se da la vuelta.

04   Él agita la botella.
     Él suelta la botella.
     Él le da vueltas a la botella.
     Él aprieta la botella.

05   Ella inhala.
     Ella exhala.
     Él escurre el agua de la esponja.
     Él moja la esponja en el agua.

06   La mujer enchufa algo.
     La mujer desenchufa algo.
     La mujer atornilla algo.
     La mujer destornilla algo.

07   Él mete y saca su brocha de la pintura.
     Él suelta su brocha en la pintura.
     Ella mete y saca su lápiz del agua.
     Ella suelta su lápiz en el agua.

08   Ella limpia la estufa con un trapo.
     Ella enjuaga el trapo.
     Ella escurre el trapo.
     Ella cuelga el trapo.

09   Él sacude la toalla.
     Ella dobla la toalla.
     Ella se seca las manos con la toalla.
     Él se seca el pelo con la toalla.

10   Él limpia algo.
     Él escurre algo.
     Él dobla algo.
     Él cuelga algo.

15-04 Diez nacionalidades: personas, países e idiomas

01   Este hombre es el Príncipe Carlos. Él es inglés.
     Este hombre es Ronald Reagan. Él es
       norteamericano.
     Este hombre es Mikhail Gorbachev. Él es ruso.
     Este hombre es Nelson Mandela. Él es
       sudafricano.

02   Este hombre es un ciudadano de Gran Bretaña.
     Este hombre es un ciudadano de los Estados
       Unidos.
     Este hombre es un ciudadano de Rusia.
     Este hombre es un ciudadano de Sudáfrica.

03   Estos artistas son de Grecia.
     Estos artistas son de Holanda.
     Estos artistas son de Hawai.
     Estas artistas son de Japón.

04   Él está escribiendo en chino.
     Ella está escribiendo en inglés.
     Este edificio está en la India.
     Este edificio está en Japón.

05   En Australia, la mayoría de la gente habla inglés.
     En América Central, la mayoría de la gente habla
       español.
     En Francia, la mayoría de la gente habla francés.
     En la India, la mayoría de la gente habla hindi.

06   una mujer japonesa
     un vaquero americano
     soldados británicos
     un hombre árabe

07   Esta señal está escrita en inglés.
     Este aviso está escrito en japonés.
     Este aviso está escrito en ruso.
     Esta señal tiene el símbolo de un animal.

08   escritura rusa
     escritura japonesa
     escritura hindi
     escritura árabe

09   escritura hebrea
     escritura egipcia antigua
     escritura inglesa
     escritura coreana

10   Estas personas viven en Rusia.
     Estas personas viven en los Estados Unidos.
     Estas personas viven en China.
     Estas personas viven en Gran Bretaña.

15-05 Educación: escuela primaria, secundaria y la universidad;

01 una escuela
un autobús
una universidad
una estudiante universitaria

02 un salón de clase
un laboratorio
el auditorio
el gimnasio

03 Ésta es una estudiante de primaria.
Éste es un estudiante de secundaria.
Ésta es una estudiante universitaria.
Este hombre ya no es un estudiante.

04 Alguien que enseña en una escuela es un maestro.
Alguien que enseña en una universidad es un profesor.
Una niña que estudia en una escuela es una estudiante.
Una muchacha que estudia en una universidad es una estudiante.

05 una mochila
un cuaderno
La estudiante está escribiendo en el cuaderno.
La estudiante está poniendo el cuaderno en la mochila.

06 Él está estudiando.
Ella está estudiando.
Él está enseñando.
Ella está enseñando.

07 Estos estudiantes hacen un experimento.
Estos estudiantes rinden un examen.
Estos estudiantes estudian.
Estos estudiantes hablan.

08 Este estudiante no pasó el examen.
Este estudiante pasó el examen.
Este estudiante está rindiendo el examen.
Estos estudiantes no están rindiendo un examen.

09 Él trabaja duro.
Él se relaja.
Ella trabaja duro.
Ella se relaja.

10 Él está estudiando.
Ellos se están relajando.
Ellos están estudiando.
Él está enseñando.

15-06 Antes y después en el tiempo y el espacio; preposiciones nuevas

01 Él está delante de ella.
Esta persona está delante del carro.
Esta persona está detrás del carro.
Él está detrás de ella.

02 Este día viene justo antes del jueves.
Este día viene justo antes del sábado.
Este día viene justo después del lunes.
Este día viene justo después del domingo.

03 Esta fecha está antes de febrero.
Esta fecha está justo después de febrero.
Esta fecha está entre octubre y diciembre.
Esta fecha está durante el mes de febrero.

04 antes de cortar el papel
mientras que corta el papel
después de cortar el papel
antes de saltar

05 Este número está justo después del 23.
Este número está mucho después del 23.
Este número está justo antes del 23.
Este número está mucho antes del 23.

06 La niña pasa a través de la cerca.
El niño pasa alrededor de la cerca.
Ella pasa por encima de la cerca.
Él pasa por debajo de la cerca.

07 El hombre dice: "¡Pasa a través de la cerca!"
El niño pasa a través de la cerca.
El hombre dice: "¡Pasa por encima de la cerca!"
El niño pasa por encima de la cerca.

08 Los muchachos se empujan.
Los muchachos empujan juntos.
Los muchachos se jalan.
Los muchachos jalan juntos.

09 Los dos hombres hablan el uno con el otro.
Los dos hombres hablan pero no el uno con el otro.
Ella sostiene la puerta abierta para él.
Ella sostiene la puerta cerrada contra él.

10 El niño empuja con alguien.
El niño empuja a alguien.
El niño va alrededor de algo.
El niño pasa a través de algo.

01   En Norteamérica esto es el primero de febrero. En
      Latinoamérica esto es el dos de enero.
      En Norteamérica esto es el doce de enero. En
      Latinoamérica esto es el primero de diciembre.
      Tanto en Latinoamérica como en Norteamérica
      esto es el tres de marzo.
      En Latinoamérica esto es el doce de noviembre.
      En Norteamérica esto es el once de diciembre.

02   ¿Qué fecha es hoy? Usando el sistema
      latinoamericano, hoy es el 6 de enero.
      ¿Qué fecha es hoy? Usando el sistema
      latinoamericano, hoy es el 6 de febrero.
      ¿Qué fecha es hoy? Usando el sistema
      latinoamericano, hoy es el 14 de enero.
      ¿Qué fecha es hoy? Usando el sistema
      latinoamericano, hoy es el 14 de febrero.

03   Sabemos que esta fecha se ha escrito usando el
      sistema latinoamericano.
      Sabemos que esta fecha se ha escrito usando el
      sistema norteamericano.
      Esta fecha es la misma usando ambos sistemas.
      Si el sistema es latinoamericano, esta fecha está
      en enero.

04   Éste es el mes de marzo.
      El próximo mes será julio. ¿En qué mes estamos
      ahora?
      El mes pasado fue octubre. ¿En qué mes estamos
      ahora?
      En dos meses será abril. ¿En qué mes estamos
      ahora?

05   Hoy es lunes.
      Hoy es domingo.
      Hoy es miércoles.
      Hoy es sábado.

06   El día después de hoy es domingo. ¿Qué día es hoy?
      El día después de hoy es martes. ¿Qué día es hoy?
      El día después de hoy es jueves. ¿Qué día es hoy?
      El día después de hoy es sábado. ¿Qué día es hoy?

07   Mañana es domingo. ¿Qué día es hoy?
      Mañana es martes. ¿Qué día es hoy?
      Mañana es jueves. ¿Qué día es hoy?
      Mañana es sábado. ¿Qué día es hoy?

08   Ayer fue sábado. ¿Qué día es hoy?
      Ayer fue lunes. ¿Qué día es hoy?
      Ayer fue jueves. ¿Qué día es hoy?
      Ayer fue viernes. ¿Qué día es hoy?

09   Anteayer fue domingo. ¿Qué día es hoy?
      Pasado mañana es martes. ¿Qué día es hoy?
      Anteayer fue jueves. ¿Qué día es hoy?
      Pasado mañana es miércoles. ¿Qué día es hoy?

10   el primer día del año
      el último día del año usando el sistema
      norteamericano
      el primer día de mayo usando el sistema
      latinoamericano
      el último día de mayo usando el sistema
      norteamericano

01 Esta operación es una suma.
Esta operación es una resta.
Esta operación es una multiplicación.
Esta operación es una división.

02 Cuando se suman estos números, la suma es igual a 10.
Cuando se suman estos números, la suma es más de 10.
Cuando se suman estos números, la suma es menos de 10.
Cuando se suman estos valores, no sabemos cuánto suman.

03 Cuando estos números se suman, la suma es un poco más de 100.
Cuando estos números se suman, la suma es mucho más de 100.
Cuando estos números se suman, la suma es un poco menos de 100.
Cuando estos números se suman, la suma es mucho menos de 100.

04 Este número es el doble de diez.
Este número es la mitad de diez.
Este número es el doble de veinte.
Este número es la mitad de veinte.

05 ¿Cuánto es 367 menos 58? 367 menos 58 es igual a 309.
¿Cuánto es 529 más 52? 529 más 52 es igual a 581.
¿Cuánto es 217 por 5? 217 por 5 es igual a 1085.
¿Cuánto es 648 dividido entre 2? 648 dividido entre 2 es igual a 324.

06 Él está resolviendo un problema matemático en un papel.
Él está resolviendo un problema matemático en una calculadora.
Él está resolviendo un problema matemático en una computadora.
Él está resolviendo un problema matemático en su cabeza.

07 Alguien le está sacando punta a un lápiz.
Alguien está rompiendo un lápiz.
Alguien está escribiendo con un lápiz.
Alguien está dibujando con un lápiz.

08 Alguien está midiendo con una regla.
Alguien está dibujando en la pizarra.
Alguien está dibujando en una hoja de papel.
Alguien está usando un borrador.

09 Él está haciendo una línea con una regla.
Él está borrando la línea con un borrador.
Él está escribiendo.
Él está borrando lo que escribió en la pizarra.

10 Alguien está escribiendo en la pizarra.
Alguien está borrando la pizarra.
Alguien está dibujando en la pizarra.
Alguien está dibujando en el papel.

01   La flecha señala hacia arriba.
La flecha señala hacia abajo.
La flecha señala hacia la izquierda.
La flecha señala hacia la derecha.

02   La flecha señala hacia el cuadrado.
La flecha señala en la dirección opuesta al
cuadrado.
La flecha señala hacia el triángulo.
La flecha señala en la dirección opuesta al
triángulo.

03   La flecha señala hacia el norte.
La flecha señala hacia el sur.
La flecha señala hacia el este.
La flecha señala hacia el oeste.

04   La flecha señala hacia el noroeste.
La flecha señala hacia el noreste.
La flecha señala hacia el sudoeste.
La flecha señala hacia el sudeste.

05   La flecha señala hacia Europa.
La flecha señala en la dirección opuesta a Europa.
La flecha señala hacia África.
La flecha señala en la dirección opuesta a Asia.

06   El país coloreado de rojo está al sur del país
coloreado de verde.
El país coloreado de rojo está al norte del país
coloreado de verde.
El país coloreado de rojo está al oeste del país
coloreado de verde.
El país coloreado de rojo está al este del país
coloreado de verde.

07   El círculo verde está en el océano Atlántico.
El círculo verde está en el océano Pacífico.
El círculo rojo está en el mar Mediterráneo.
El círculo rojo está en el océano Atlántico.

08   Este país es una isla.
Este país no es una isla, pero tiene una costa
larga.
Este país no tiene costa. Es un país sin salida al
mar.
Este país no es una isla y tiene una costa corta.

09   El país en rojo está separado de los otros países
por agua.
El país en rojo limita con solamente un país.
El país en rojo limita con solamente dos países.
El país en rojo limita con más de seis países.

10   Este país tiene costas en dos océanos.
Este país tiene una costa en el océano Atlántico y
una costa en el mar Mediterráneo.
Este país tiene una costa en el Mediterráneo y una
costa en el mar Negro.
Este país tiene una costa. Está en el mar Negro.

15-10 Tratar de: lograr–fracasar; infinitivos

01 Él está tratando de ganar la carrera.
Él no está tratando de ganar una carrera.
Ella está tratando de alcanzar algo en el anaquel.
Ella no está tratando de alcanzar algo en el
anaquel.

02 Él trata de abrir el tarro.
Él no trata de abrir el tarro. Él trata de abrir la
ventana.
Él trató de abrir el tarro y lo logró.
Él trató de abrir el tarro y fracasó.

03 Él trata de abrir la ventana.
Él no trata de abrir la ventana. Él trata de abrir el
tarro.
Él trató de abrir la ventana y lo logró.
Él trató de abrir la ventana y fracasó.

04 Él hace sus tareas.
Él hizo sus tareas.
Él lava la ropa.
Él lavó la ropa.

05 ¿Lavaste los platos?
Sí, los lavé.

¿Doblaste la ropa?
Sí, la doblé.

¿Lavaste los platos?
No, no los lavé.

¿Doblaste la ropa?
No, no la doblé.

06 Él se está alejando de la casa.
Él se está acercando a la casa.
Él se está alejando de Carolina.
Él se está acercando a Carolina.

07 ¿Por dónde vamos?
Debemos ir a la izquierda.
Estoy aburrida. ¿Qué quieres hacer?
Quiero jugar naipes.

08 Ellas se acercan a ella.
Ellas se alejan de ella.
Ella se acerca a él.
Ella se aleja de él.

09 Él está tratando de ver.
Él está tratando de hablar.
Él está tratando de alzar esto.
Él está tratando de doblar esto.

10 Él entra por la puerta.
Él trata de entrar por la puerta.
Él va a tratar de entrar por la puerta.
Él entró por la puerta.

15-11 Repaso: Parte Quince

01 Ella tiene miedo de mojarse.
Ella está llorando porque está triste.
Ella está feliz porque sus hijos la quieren.
Ella está aburrida porque no tiene nada que hacer.

02 enero
abril
junio
septiembre

03 El hombre hace rebotar una pelota.
La mujer hace rebotar una pelota.
El hombre hace girar la pelota.
La mujer hace girar la pelota.

04 escritura rusa
escritura japonesa
escritura hindi
escritura árabe

05 Estos estudiantes hacen un experimento.
Estos estudiantes rinden un examen.
Estos estudiantes estudian.
Estos estudiantes hablan.

06 El niño empuja con alguien.
El niño empuja a alguien.
El niño va alrededor de algo.
El niño pasa a través de algo.

07 Anteayer fue domingo. ¿Qué día es hoy?
Pasado mañana es martes. ¿Qué día es hoy?
Anteayer fue jueves. ¿Qué día es hoy?
Pasado mañana es miércoles. ¿Qué día es hoy?

08 ¿Cuánto es 367 menos 58? 367 menos 58 es igual
a 309.
¿Cuánto es 529 más 52? 529 más 52 es igual a 581.
¿Cuánto es 217 por 5? 217 por 5 es igual a 1085.
¿Cuánto es 648 dividido entre 2? 648 dividido
entre 2 es igual a 324.

09 La flecha señala hacia el norte.
La flecha señala hacia el sur.
La flecha señala hacia el este.
La flecha señala hacia el oeste.

10 Él entra por la puerta.
Él trata de entrar por la puerta.
Él va a tratar de entrar por la puerta.
Él entró por la puerta.

16-01 El tiempo y la hora

01 la lluvia
las nubes
el sol
la nieve

02 Está lloviendo.
Hace sol.
Está nevando.
Está nublado, pero no está lloviendo.

03 Se usa un paraguas cuando llueve.
Se usa una sombrilla cuando hace sol.
Se lleva un gorro y una bufanda cuando hace frío.
Se lleva un traje de baño cuando hace calor.

04 ¿Qué hora es? El reloj dice que son las cuatro y media.
¿Qué hora es? El reloj dice que son las doce.
¿Cómo está el tiempo? Hace calor y hace sol.
¿Cómo está el tiempo? Hace frío y está nublado.

05 Son las siete y media de la mañana.
Son las siete y media de la noche.
Es la una de la mañana.
Es la una de la tarde.

06 La gente desayuna entre las 6:00 y las 9:00 de la mañana.
La gente almuerza entre las 11:00 de la mañana y las 2:00 de la tarde.
La gente cena entre las 6:00 y las 9:00 de la noche.
La mayoría de la gente duerme entre las 11:00 de la noche y las 7:00 de la mañana.

07 Está lloviendo. ¿Qué necesito?
Está nevando. ¿Qué necesito?
Hace sol. ¿Qué necesito?
Estoy en la luna. ¿Qué necesito?

08 Ya es la hora de levantarse.
Ya es la hora de ir a trabajar.
Ya es la hora de almorzar.
Ya es la hora de volver a casa.

09 Son las seis y media de la mañana.
Son las doce. Es el mediodía.
Son las tres y media de la tarde.
Son las siete y media de la noche.

10 Cuando está nublado no se puede usar esto para saber la hora.

¿Qué hora es?
Lo siento. No tengo reloj.

¿Qué hora es?
Son las cinco y media.

Aunque esté nublado se puede usar esto para saber la hora.

16-02 Comer fuera de casa: diálogo con el camarero

01 Tengo hambre.
Probemos este restaurante.
Nos gustaría una mesa para dos personas, por favor.
Por favor, pasen por aquí.

02 el menú
la cuenta
el camarero
la camarera

03 Aquí está el menú.
¿Qué recomienda usted?
Yo recomiendo el bistec.
¿Les gustaría algo de beber?

04 ¿Qué quieren pedir?
Me gustaría un bistec.
Me gustaría una ensalada.
La ensalada para usted, señora. El bistec para usted, señor.

05 Pásame la pimienta, por favor.
Aquí está la pimienta.
Pásame la sal, por favor.
Aquí está la sal.

06 Camarero, necesito un plato.
Lo siento. Aquí tiene su plato.
Camarero, necesito un tenedor.
Lo siento. Aquí tiene su tenedor.

07 ¿Les gustaría algún postre?
Me gustaría la torta.
Me gustaría el helado.
Aquí están sus postres.

08 ¿Dónde está el baño de caballeros, por favor?
El baño de caballeros está allí.
¿Dónde está el baño de damas, por favor?
El baño de damas está allí.

09 Camarero, nos trae la cuenta, por favor.
Aquí tiene la cuenta.
Adolfo le paga la cuenta al camarero.
Adolfo deja una propina en la mesa.

10 Pasen por aquí, por favor.
¿Qué quieren pedir?
Aquí tienen sus postres.
Aquí está el menú.

16-03 Amor y matrimonio

01 Esta pareja está enamorada.
   Estas dos personas ni están enamoradas ni son amigos.
   Estas dos personas no están enamoradas. Solamente son amigos.
   Éste es un grupo de amigos.

02 El hombre camina hacia la puerta.
   El hombre toca a la puerta.
   La novia del hombre lo encuentra en la puerta.
   El hombre le regala flores a su novia.

03 El hombre y la mujer comen fuera de casa.
   El hombre y la mujer bailan.
   El hombre y la mujer están de compras.
   El hombre y la mujer se besan.

04 Este hombre es el esposo de la mujer. Se acaban de casar.
   Este hombre es un amigo de la mujer. Ellos trabajan juntos.
   Este hombre es el novio de la mujer. Ellos se aman, pero no están casados.
   El hombre no conoce a la mujer.

05 Esta mujer es la esposa del hombre.
   Esta mujer es una amiga del hombre.
   Esta mujer es la novia del hombre.
   Esta mujer no conoce al hombre.

06 Esta pareja se acaba de casar.
   Estas personas son muy jóvenes para casarse.
   Esta pareja ha estado casada por mucho tiempo.
   Esto es un anillo de bodas.

07 La madre quiere a sus hijos.
   El hombre y la mujer se aman.
   Me encanta el helado.
   Nos encanta este programa de televisión.

08 Ellas comen una merienda en el parque.
   Ellas almuerzan.
   Ellos tienen una cena romántica.
   Ellos sólo comen unos bocados.

09 Te quiero, papá.
   Te quiero, mamá.
   Te amo, Laura.
   Te amo, Jaime.

10 Te amo, Margarita.
   Yo te amo a ti también, Pablo.
   ¿Quieres casarte conmigo?
   Sí, me casaré contigo.

16-04 A través de la historia: arquitectura, vestimenta, tecnología, fuerzas armadas

01 Los caballeros usaban armadura entre 1100 y 1500.
   Los cañones se usaban alrededor de 1800.
   Los tanques se usan hoy día.
   Las ametralladoras se usan hoy día.

02 Este tipo de estructura se construye hoy día.
   Este tipo de estructura fue construido entre 1100 y 1500. Es una catedral.
   Esta estructura fue construida alrededor de 1889.
   Esta estructura fue construida hace miles de años.

03 Esta estructura fue construida entre 1100 y 1500. Es un castillo.
   Esta estructura fue construida en India entre 1600 y 1700.
   Esta estructura fue construida en China hace más de 2000 años.
   Esta estructura fue construida en Italia hace unos 2000 años. Hoy día está en ruinas.

04 Este medio de transporte se usaba alrededor del año 1780.
   Este medio de transporte se usó por primera vez a fines del siglo 20.
   Este medio de transporte se usó por primera vez a principios del siglo 20.
   Este medio de transporte se ha usado por miles de años.

05 Un soldado medieval llevaba armadura.
   Un soldado romano llevaba este tipo de ropa.
   Una reina llevaba este tipo de ropa.
   Un rey llevaba este tipo de ropa.

06 Los soldados llevaban estos uniformes hace mucho tiempo, pero ahora ya no los llevan.
   Los soldados llevaban estos uniformes hace mucho tiempo y todavía los llevan hoy día.
   Los soldados llevan uniformes como éste hoy día, pero no los llevaban hace mucho tiempo.
   Los soldados nunca llevan un uniforme como éste.

07 Esta ropa se lleva en Arabia.
   Esta ropa se lleva en el espacio o en la luna.
   Esta ropa se llevaba en Europa.
   Esta ropa es de los indios norteamericanos.

08 Esta estructura está en Egipto.
   Esta estructura está en los Estados Unidos.
   Esta estructura está en China.
   Esta estructura está en Italia.

09 Estos monumentos se encuentran en los Estados Unidos.
Este monumento se encuentra en la India.
Este monumento se encuentra en los Estados Unidos.
Estos monumentos se encuentran en Egipto.

10 Esta estructura existe solamente en París. Es única.
Esta estructura existe solamente en San Francisco. Es única.
Esta estructura existe solamente en Pekín. Es única.
Esta estructura existe solamente en Moscú. Es única.

01 Este hombre es un policía.
Éste es un carro de la policía.
Éstas son unas esposas.
Ésta es una ambulancia.

02 Está prohibido manejar de este lado de la carretera en Francia.
Está prohibido manejar de este lado de la carretera en Gran Bretaña.
Está prohibido girar en U aquí.
Está prohibido doblar a la izquierda aquí.

03 Está permitido estacionar aquí.
Está prohibido estacionar aquí.
Está permitido doblar a la izquierda aquí.
Está prohibido doblar a la izquierda aquí.

04 una estación de bomberos
un carro de bomberos
un bombero
unas mangueras contra incendios

05 un buzón
un cartero
un paquete
una carta

06 un basurero
una bolsa de basura
una biblioteca
una bibliotecaria

07 Este hombre le está robando la billetera a otro hombre.
El hombre dice: "¡Él me robó la billetera!"
El policía capturó al ladrón.
El ladrón está en la cárcel.

08 un cartero
un paramédico
el personal del laboratorio
el personal del hospital

09 El ladrón está robando.
El hombre está hablando con el policía.
El ladrón fue capturado por el policía.
El ladrón no puede robar nada. Él está en la cárcel.

10 Robar está prohibido.
Estacionar aquí está permitido.
Estacionar aquí está prohibido.
En algunos países, manejar de este lado de la carretera está permitido.

01   un reloj de pulsera
un reloj de pared
un reloj de sol
un reloj de arena

02   el minutero del reloj
el segundero del reloj
el horario del reloj
Éste es un reloj digital. No tiene manecillas.

03   Es la una.
Son las tres y media.
Son las cuatro y cuarto.
Son las cuatro menos cuarto.

04   Es un segundo después de las dos.
Es un minuto después de las dos.
Es una hora después de las dos.
Son las dos en punto.

05   Si son las dos, este reloj debe estar cinco minutos
adelantado.
Si son las dos, este reloj debe estar diez minutos
adelantado.
Si son las dos, este reloj debe estar cinco minutos
retrasado.
Si son las dos, este reloj está correcto.

06   La gente usaba esto hace mucho tiempo para
saber la hora.
La gente usaba esto hace poco tiempo para saber
la hora.
Esto es lo que la gente usa hoy día para saber la
hora.
Esto no se usa para saber la hora.

07   El sol sale al amanecer. Esto es la salida del sol.
El sol está alto al mediodía.
El sol baja al atardecer. Esto es la puesta del sol.
Por la noche no podemos ver el sol.

08   temprano en el día
tarde en el día
temprano en la vida
tarde en la vida

09   La tienda abre a las nueve. Llegamos temprano.
La tienda cierra a las cinco. Llegamos tarde.
El oficio religioso comienza a las 10:50.
Llegamos temprano.
El oficio religioso comienza a las 10:50.
Llegamos tarde.

10   Mucha gente desayuna a esta hora. Esto es
temprano en el día.
A esta hora mucha gente almuerza.
Mucha gente cena a esta hora.
A esta hora mucha gente se acuesta. Esto es tarde
en el día.

01 Hay más gente en este país que en cualquier otro
    país.
    Éste es el país más grande del mundo.
    Éste es el único país que también es un
    continente.
    Este país es una isla. No es un continente.

02 La gente de este país habla swahili.
    La gente de este país habla japonés.
    La gente de este país habla español.
    La gente de este país habla árabe.

03 El idioma de este país es el español.
    El idioma de este país es el chino.
    El idioma de este país es el inglés.
    El idioma de este país es el francés.

04 La gente habla español en estos países porque
    España antes los gobernaba.
    La gente habla francés en esta provincia porque
    Francia antes la gobernaba.
    La gente habla inglés en estos países porque Gran
    Bretaña antes los gobernaba.
    La gente habla portugués en este país porque
    Portugal antes lo gobernaba.

05 Por un tiempo Gran Bretaña gobernó este país.
    Por un tiempo Francia gobernó este país.
    Por un tiempo España gobernó este país.
    Por un tiempo Japón gobernó estos países.

06 Gran Bretaña gobernaba todos estos países. Éste
    era el Imperio Británico.
    Francia gobernaba todos estos países. Éste era el
    Imperio Francés.
    Roma gobernaba todos estos países. Éste era el
    Imperio Romano.
    España gobernaba todos estos países. Éste era el
    Imperio Español.

07 Esto era el Imperio Británico.
    Esto era el Imperio Francés.
    Este país es Gran Bretaña hoy día.
    Este país es Francia hoy día.

08 Estos países formaban parte del Imperio
    Británico. Ahora son independientes.
    Estos países formaban parte del Imperio Francés.
    Ahora son independientes.
    Estos países formaban parte del Imperio Español.
    Ahora son independientes.
    Estos países formaban parte de la Unión
    Soviética. Ahora son independientes.

09 Antes de que el canal de Suez se construyera,
    un barco que navegaba de Londres a Bombay
    seguía esta ruta.
    Desde que el canal de Suez se construyó, un
    barco que navega de Londres a Bombay sigue
    esta ruta.
    Antes de que el canal de Panamá se construyera,
    un barco que navegaba de Nueva York a San
    Francisco seguía esta ruta.
    Desde que el canal de Panamá se construyó,
    un barco que navega de Nueva York a San
    Francisco sigue esta ruta.

10 Éste es ahora un país independiente.
    Éste no es un país independiente. Forma parte de
    los Estados Unidos.
    Éste no es un país. Es un continente.
    Éste era un país independiente hace mucho
    tiempo. Ahora forma parte de Gran Bretaña.

16-08 Nombres famosos

01 Este emperador nació en el año 742 y murió en el
año 814.
Este artista nació en 1606 y murió en 1669.
Este científico nació en 1564 y murió en 1642.
Este inventor vivió de 1400 a 1468.

02 Este líder político nació en 1890 y murió en 1970.
Este científico vivió de 1642 a 1727.
Este compositor vivió de 1770 a 1827.
Este inventor vivió de 1847 a 1931.

03 Esta persona fue un explorador.
Esta persona fue un pintor.
Esta persona fue un filósofo.
Esta persona fue un general.

04 Esta persona fue una reina.
Esta persona fue un rey.
Esta persona fue un filósofo.
Esta persona fue un dramaturgo.

05 Esta persona gobernó Mongolia.
Esta persona fue un profesor en Grecia.
Este líder religioso se asocia con la ciudad de
La Meca.
Este líder religioso se asocia con los Diez
Mandamientos.

06 Este hombre escribió la novela "La Guerra y
La Paz".
Este hombre escribió poesía.
Este hombre escribió "El Origen de las Especies".
Este hombre escribió sobre el sistema solar.

07 Esta persona fue un pintor.
Esta persona fue un científico.
Esta persona fue un líder político.
Esta persona fue un líder religioso.

08 Esta persona fue un líder militar.
Esta persona fue una científica.
Esta persona fue un líder religioso.
Esta persona fue un filósofo.

09 Esta persona gobernó Egipto.
Esta persona inventó el teléfono.
Este general luchó en la batalla de Waterloo.
Este hombre fue un general romano.

10 Esta persona trabajó por la independencia de
India.
Esta persona es el líder de la iglesia católica.
Este hombre fue un emperador romano.
Esta persona fue un autor norteamericano.

16-09 Posible–imposible; probable–improbable; real–imaginario

01 Para ella es posible leer el libro.
Para ella es imposible leer el libro.
Para él es posible ver.
Para él es imposible ver.

02 Él está tratando de hacer algo que es imposible.
Él está tratando de hacer algo que es posible.
Ella está tratando de hacer algo que es imposible.
Ella está tratando de hacer algo que es posible.

03 Él está tratando de alzar esto, pero es imposible.
Él está tratando de alzar esto y es posible.
Él está tratando de doblar esto, pero es imposible.
Él está tratando de doblar esto y es posible.

04 Seguramente esta persona no se va a mojar.
Seguramente esta persona se va a mojar.
Esta persona se podría mojar.
Esta persona se mojó.

05 Seguramente el libro no se va a caer de la mesa.
El libro se podría caer.
Seguramente el libro se va a caer de la mesa.
El libro se cayó.

06 Esto es posible. Ocurre todo el tiempo.
Esto es imposible. Nunca ocurre.
Esta tirada de dados es posible, pero es
improbable.
Es posible que ellos puedan alzar el carro, pero es
improbable.

07 Es probable que ella se caiga.
Es improbable que ella se caiga.
Es probable que ellos se mojen.
Es improbable que ellos se mojen.

08 El hombre tira los dados.
El hombre tira la moneda al aire.
Hay una posibilidad en cuatro que él elija el diez.
Hay una posibilidad en cuatro que él elija el
cinco.

09 Este caballo es real.
Este caballo es imaginario.
Este reptil es real.
Este reptil es imaginario.

10 Esta mujer es real.
Esta imagen de una mujer fue creada por un
artista.
Estos animales son reales.
Esta imagen de animales fue creada por un artista.

16-10 Describir cosas y expresar preferencias

01 Mira ese carro.
¿Cuál?
El rojo.

Mira esos carros.
¿Cuáles?
Los rojos.

Ahí hay un carro amarillo.
¿Dónde?
En la foto del hombre con el niño.
No seas tonto. Ése no es un carro.

Mira ese pequeño carro amarillo. Es lindo.
Me gusta.
A mí no me gusta. Pienso que es feo.
Bueno, yo pienso que es lindo.

02 ¿Te gusta este carro?
No, no me gustan los carros rosados y no me
  gustan los carros viejos tampoco.

¿Te gusta este carro?
Sí, me gustan los carros amarillos y me gustan los
  carros viejos también.

¿Te gusta el carro azul?
Sí, es un carro muy bueno. Ojalá tuviera un
  carro así.

¿Te gusta este carro?
Sí, me gustan los carros deportivos rojos. Me
  gusta ir rápido.
¡Bueno, los carros deportivos de cualquier color
  van rápido!

03 ¿Te gusta este carro?
No, es demasiado viejo.

¿Te gusta este carro?
No realmente. Es demasiado grande.

¿Te gusta este carro?
No realmente. Es demasiado pequeño.

¿Te gusta este carro?
Bueno, sí, pero está chocado.

04 ¿Te gusta este carro?
No sé. Está cubierto.
Apuesto a que es un buen carro.
Puede ser.

¿Te gusta este carro?
No.
Pensaba que te gustaban los carros viejos.
Me gustan, pero éste es negro. No me gustan los
  carros negros.

¿Te gusta este carro?
Sabes que no me gustan los carros viejos. Éste es
  el más viejo que he visto hasta ahora.

¿Te gusta este carro?
Sí, me gustan los convertibles.

05 ¿Te gustan los barcos?
Sí, especialmente los barcos de vela.

¿Te gustan los barcos?
Sí, pero prefiero las canoas.
¿Por qué?
Tal vez porque son más pequeñas.

¿Te gustan los aviones?
Me gusta mirarlos, pero tengo miedo de volar.
¿De verdad?
Sí.

Y los globos de aire caliente, ¿te gustaría subir en
  uno de ellos?
No, tendría miedo.

06 ¿Cuál te gusta más?
Me gusta el barco que tiene muchas velas
  blancas.

¿Cuál te gusta más?
Pienso que me gusta el que tiene las velas rojas y
  amarillas.

¿Has estado alguna vez en un submarino?
No. ¿Has estado tú?
No, yo tampoco.

¿Te gusta hacer windsurfing?
No sé. Nunca lo he hecho.
Este hombre lo hace parecer fácil, pero es
  bastante difícil.

07 ¿Cuál te gusta más?
No me gusta ninguno de ellos.
¿Cuál te gusta menos?
Ah, el que está chocado, por supuesto.

¿Te gusta alguno de estos carros?
No, no realmente.
¿Cuál te gus ta menos?
Bueno, sabes que no me gusta nada ese viejo
  carro rosado.

El taxi parece bastante viejo, ¿no?
Sí.

Ese microbús no se ve nada bien.
Tienes razón. A mí tampoco me gusta.

08 ¿Qué preferirías hacer, ir a nadar o ir en canoa?
Me gustaría más ir en canoa.

¿Y tú? ¿Qué preferirías hacer?
Yo preferiría ir a nadar.

¿Adónde preferirías ir, a la playa o a las
montañas?
A las montañas.
¿Por qué?
Porque me gusta hacer excursiones a pie.

¿Y tú? ¿Adónde preferirías ir?
A la playa.
¿Y eso por qué?
Porque me gusta el sol y la arena.

09 ¿Dónde te gustaría vivir más, en la ciudad, en el
campo o en un pueblo?
Prefiero un pueblo.
¿Por qué?
Porque es tranquilo, y no se está demasiado lejos
de otras personas.

¿Y a ti, dónde te gustaría vivir?
En una gran ciudad.
¿Por qué?
Porque hay mucho que hacer ahí.

También me gustaría vivir en una casa en el
campo.
Sí, habría mucha tranquilidad allí.

Me gustaría vivir en un castillo sobre una colina.
Sí, eso también sería agradable.

10 ¿Cuál es tu estación favorita?
Me gusta el verano porque en esta estación las
flores son tan bonitas.

¿Cuál es tu estación favorita?
Me gusta la primavera porque no hace ni
demasiado calor ni demasiado frío para hacer
deportes.

¿Qué estación te gusta más, el invierno o el
otoño?
Me gusta el invierno porque puedo esquiar.

¿Qué estación te gusta más, el otoño o el
invierno?
Prefiero el otoño porque me gustan todas esas
hojas bonitas en los árboles.

01 Está lloviendo. ¿Qué necesito?
Está nevando. ¿Qué necesito?
Hace sol. ¿Qué necesito?
Estoy en la luna. ¿Qué necesito?

02 ¿Qué quieren pedir?
Me gustaría un bistec.
Me gustaría una ensalada.
La ensalada para usted, señora. El bistec para
usted, señor.

03 Este hombre es el esposo de la mujer. Se acaban
de casar.
Este hombre es un amigo de la mujer. Ellos
trabajan juntos.
Este hombre es el novio de la mujer. Ellos se
aman, pero no están casados.
El hombre no conoce a la mujer.

04 Este tipo de estructura se construye hoy día.
Este tipo de estructura fue construido entre
1100 y 1500. Es una catedral.
Esta estructura fue construida alrededor de 1889.
Esta estructura fue construida hace miles de años.

05 Robar está prohibido.
Estacionar aquí está permitido.
Estacionar aquí está prohibido.
En algunos países, manejar de este lado de la
carretera está permitido.

06 Si son las dos, este reloj debe estar cinco minutos
adelantado.
Si son las dos, este reloj debe estar diez minutos
adelantado.
Si son las dos, este reloj debe estar cinco minutos
retrasado.
Si son las dos, este reloj está correcto.

07 Gran Bretaña gobernaba todos estos países. Éste
era el Imperio Británico.
Francia gobernaba todos estos países. Éste era el
Imperio Francés.
Roma gobernaba todos estos países. Éste era el
Imperio Romano.
España gobernaba todos estos países. Éste era el
Imperio Español.

08 Esta persona fue una reina.
Esta persona fue un rey.
Esta persona fue un filósofo.
Esta persona fue un dramaturgo.

09 Esto es posible. Ocurre todo el tiempo.
Esto es imposible. Nunca ocurre.
Esta tirada de dados es posible, pero es
  improbable.
Es posible que ellos puedan alzar el carro, pero es
  improbable.

10 ¿Cuál te gusta más?
Me gusta el barco que tiene muchas velas
  blancas.

¿Cuál te gusta más?
Pienso que me gusta el que tiene las velas rojas y
  amarillas.

¿Has estado alguna vez en un submarino?
No. ¿Has estado tú?

No, yo tampoco.

¿Te gusta hacer windsurfing?
No sé. Nunca lo he hecho.
Este hombre lo hace parecer fácil, pero es
  bastante difícil.

01 ¿Cinturones?
¡Enfermera!
Señora, ¿es su hijo?
Claro que está feliz. Está sentado sobre el gato.

02 ¡Él se acuerda de mí!
Ahora, no hagas nada para provocarlo.
Y yo digo que lo llamemos "un gato", ¡y punto!
Un momento, yo llegué primero.

03 Aquí estamos, cuatro personas inteligentes...
  cinco, si se cuenta a Mario.
¡Verdaderamente, él no estaba muy feliz aquí!
No creo que Jaime esté despierto todavía.
¡Tu lanza está al revés!

04 ¿Y qué hacemos si no es un paraguas?
¡Agarra esa pelota y tírala, rápido!
¡El huevo, Marco! "¡Tírame el huevo!"
El agua debe estar más fría de lo que parece.

05 Nada de qué preocuparse, López. Sólo comen
  pescado.
¿Qué amigo? ¡Éstos son mis guantes!
Mi hijo tiene 8 años y su padre, 34.
¡Jorge! ¡Se nos olvidaron los niños!

06 Es que Raúl fuma mucho.
¡Qué bien! ¡Atrapó la mariposa!
¡La cámara, Antonio! ¡Tírame la cámara!
Lo siento, señor, pero ésa es mía.

07 Ha terminado de crecer. ¡Esperamos!
Yo tampoco sé nadar.
Ya debe estar listo el café.
Todo lo que hago últimamente te molesta.

08 A Jorge siempre le pasan cosas.
¡Auxilio! ¡Ladrón!
Necesito tres voluntarios.
Es una mascota maravillosa.

09 Sin embargo, la comida aquí es buenísima.
¡Lo encontré!
Me gustaría dar parte de un accidente.
Podríamos mirar, pero estoy casi seguro que son
  dos perros.

10 Puede ser que mi reloj esté un poco adelantado,
  Paco...son las 4:21.
¡Ayúdeme!
¿Ahora qué?
Cómo estaré de contenta cuando encontremos a
  tu mamá.

01 Quinto piso. Casi.
No tiene mucha fuerza subiendo las colinas.
Bien, lo capturaste. ¿Ahora qué?
¡Sáquese el dedo del oído y escúcheme!

02 Muy bien, me agarraste. ¿Y ahora qué hacemos?
Él es el corredor más rápido del país.
Número equivocado.
Aló, sí, él está aquí.

03 ¿Qué hacemos ahora?
¡Ahora!
¡Auxilio!
¿Aló?

04 Es bueno oír tu voz también.
Tienen que perdonar a Jorge. Él trabaja de noche.
¡El departamento de ropa para caballeros, por
   favor!
¿Listo?

05 Sí, nos tienen una habitación. ¿Dónde está
   Pablito?
Se pone en el pie que está más cerca de la
   ventana.
¡Oye, Juan! ¡Más despacio!
¡Pues, finalmente atrapó uno!

06 ¿Ahora?
Carlos tiene suerte. Él siempre pesca los grandes.
Bueno, yo no creo que lo haga parecer más alto.
Solamente media taza. No puedo alzar una taza
   llena todavía.

07 Veo que has estado comiendo en la cama otra vez.
¡Pensé que nunca recuperaríamos la cámara de
   ese oso!
Bueno, definitivamente es contagioso.
Vamos a plantarlo aquí.

08 ¡Nunca he visto a esa mujer en mi vida!
Y lleva una chaqueta roja.
Hola, mamá. ¿Quién es ese niño?
Bien, veo que tomó su medicamento.

09 El lunes bebió 80 mililitros de leche, comparado
   con lo normal de 90...
¿Hay otro en tu vida?
¡Guau! ¡Guau!
Bastante alto para un principiante, ¿no?

10 No puedes hacer la tarea y mirar la televisión a la
   vez.
¿Tienes miedo de que se escape?
¡Ese retrato de tu padre parece vivo!
¿No puedes encontrar otra cosa para leer?

01 Solamente un invierno más. ¡Por favor!
¿Se siente un poco mejor hoy?
¿Qué botón aprieto?
Después de un día caluroso en la oficina, Roberto
   no puede esperar ni un minuto para ducharse.

02 ¿Cómo anda?
A mí me suena como si estuviera pisándole el pie.
¡Ay de mí! Me paré en el tambor de Pablito.
Todo está tan tranquilo cuando tu hermanito no
   está.

03 Encontré el problema.
¡Ana pensaba que ELLA tenía el sombrero más
   caro!
Empanadas, chorizos, ensalada de papa,
   limonada. ¡Ay, se nos olvidó mamá!
Adiós, Gloria. Adiós, Sandra. Bárbara. Margarita.

04 ¡Estos pájaros son una señal de que hay peces por
   aquí!
He comido mejores dulces.
Mi mamá bajará pronto. Ella me está bañando.
Y ¿qué hizo el hombrecito de papá hoy?

05 El zapato izquierdo me queda un poco apretado.
Pásame el azúcar, por favor.
Le diré qué enfermedad tiene si no se lo dice a
   nadie. No quiero causar pánico.
No lo regañes, Mercedes. Estoy segura que
   solamente fue un accidente.

06 Solamente entré para calentarme.
Entonces, hijito, ¿qué has estado haciendo hoy?
A mi tacaño hermanito Pedro...
Tú la pescaste. ¡Cocínala tú!

07 Te digo que esa cosa robó mi almuerzo.
¿Ahora entiendes por qué sólo da dos conciertos
   por año?
Vaya inmediatamente a la cama. Lo que tiene es
   muy contagioso.
Parece que Eduardo pescó algo.

08 Todos los carros me parecen iguales.
¡Suelta la roca!
Qué bien, ¡estás bañando al perro!
Qué bien, papá la encontró.

09 ¡Aquí viene Ramón ahora!
Tú y tus silbatos para llamar pájaros.
¿Están girando las ruedas?
Tenga paciencia. Le tendremos un caballo pronto.

10 Miren ahora. Aquí viene la parte que les contaba.
Sus radiografías están por aquí, en algún lugar.
Perdóneme, señor, ¿cuánto tiempo ha estado
   esperando para cruzar?
Creo que está tratando de decirte algo.

01 ¡Cuidado! ¡Que viene por atrás!
Ya lo discutimos y él me convenció de que estaba bien.
¿Ahora qué?
No pongas tanta pintura en tu brocha, Carmen.

02 ¿Qué era lo que querías que hiciera?
Ése es uno de nuestros mejores silbatos para llamar pájaros.
¡Al fin! Pensé que este tren nunca terminaría.
Es para usted.

03 Suena como un carro de bomberos bajando la calle.
Es para ti.
¿Hacía mucho calor en la ciudad, cariño?
¡Buen perrito!

04 ¿Te puedo llamar más tarde?
¿Qué hay de nuevo?
Luis, ¿qué lees?
¿Quieres ser una estrella de circo?

05 Es para ti.
Gracias, cielo. Ahora pásame el café, por favor.
Cuatro metros cinco centímetros.
¿Preferiría que no fumara?

06 ¿Es su primer vuelo?
¡Mi pelo ESTÁ peinado!
Elena me cuenta que usted juega baloncesto.
Dice que la respuesta es dos.

07 ¿Puedo darte un beso, Ángela? ¿Alicia? ¿Marlén?
Tengo seis hasta ahora. ¿Cuántas tienes tú?
Es un nuevo récord, mamá. ¡Hay cinco de nosotros aquí adentro!
Claro que la gente no puede pensar. Solamente repite lo que oye.

08 Ah, eres tú.
¡Este abrigo nuevo es buenísimo! ¡Puede llevar hasta 200 bolas de nieve!
¡El señor Gómez se cayó dentro de la copiadora!
¡Muy gracioso! Sabes muy bien que solamente tengo tres minutos de retraso.

09 ¿Eres mío?
Cuéntenos más de su viaje a África, Barón.
¿Segura que tenemos la dirección correcta, Marta?
¿Te puedes imaginar a alguien quedarse adentro con un tiempo como éste?

10 ¡La última vez que vinimos, el lugar estaba lleno de dinosaurios!
¡Entren, entren! ¡Qué bueno verlos de nuevo!
Es para usted.
¡No mires para abajo!

01 Mamá, gracias por la corbata que le mandaste a Jorge. Él la usa casi todos los días.
¿Quién es, por favor?
Lo siento, mi esposo no está aquí.
¡Todos atrás! ¡Es difícil creerlo, pero es para mí!

02 ¿Qué hacemos ahora?
Necesita una casa de perros más grande.
Dice que no ve nada. Dale una linterna.
Ah, y esta tapa debe estar cerrada cuando la lavadora esté funcionando.

03 ¿Está satisfecho ahora que la cantidad es correcta, señor?
Repito: ¡No abras la puerta!
Acerca el oído al teléfono y yo te diré qué recibí para mi cumpleaños.
¿Listo para cortar?

04 ¡La comida es muy mala, pero el servicio es buenísimo!
¡Ay, vamos Alberto! Unos días fuera de la oficina te relajarán.
Hace calor, ¿no?
Supongo que la línea azul en el mapa no era una carretera.

05 ¡Cuenta los niños! ¡Cuenta los niños!
¿Puedes hablar un poco más alto, Edgar?
¡Teléfono!
¡Abra, por favor!

06 ¡Tiene que hablar más alto!
¡Ninguna es del tamaño correcto!
Me parece que está demasiado fría.
De acuerdo con su peso, debería medir dos metros con 86 centímetros de alto.

07 ¡Shh! Está dormido.
¿Perdiste la llave?
¡Pues, naturalmente, si busca los errores los va a encontrar!
¡Las llaves! ¡Las llaves! ¡Tú tienes las llaves del carro!

08 Papá dejó las llaves en el carro.
Sí, sí cabe.
¡Papá ya está despierto!
¿Eres tú, cariño? ¿Sabes que tu foto está en el periódico?

09 ¿Tiene un minuto?
¡Jorge! ¡Él no es nuestro!
Tus brazos son demasiado cortos.
¡Pues, has comenzado muy bien!

10 Creí haber visto un conejo aquí hace un minuto.
Es hijo único.
Aparte de esto, ¿cómo van las cosas?
Claro que solamente es la primera capa.

01   Sí, señor, una mesa para seis.
    ¿Por cuánto tiempo ha sido Ud. mecánico?
    Espero que no hayas puesto ese vaso mojado en
      la mesa sin algo debajo.
    La persona que les habló sobre los osos estaba
      bromeando. No hay osos por aquí.

02   Dígame si él lo molesta.
    ¿Qué dirías si te dijera que nunca había tomado
      una clase en mi vida?
    Si ése es Carlos, ¿quién es éste?
    Estimados Señores: Su tónico para hacer crecer el
      pelo sirve; sin embargo...

03   Vamos a plantarlo aquí.
    Por fin logré que se durmiera.
    ¿Qué espera, hombre?
    ¿Es usted dueño de un perro grande con
      manchas?

04   ¡Fernando, capturé otro!
    Una pequeña caminata refrescante, temprano por
      la mañana, te despertará muy pronto.
    Ahora mira y haz todo lo que yo hago.
    Tengo otro par en casa igual a éste.

05   Parecen ser animales muy limpios.
    Creo que nos quiere decir algo.
    ¿Estamos muy lejos del río, Manuel? Esto se está
      poniendo pesado.
    Creo que se están hablando.

06   ¿Quieres decir que él todavía no ha memorizado
      su papel?
    Vayamos por aquí y veamos dónde estuvo.
    Avíseme si lo molesto.
    Usted es el trabajador nuevo, supongo.

07   Creo que se siente mucho mejor hoy.
    ¿Me puede oír, jefe? Tengo un pequeño problema
      aquí en el zoológico.
    Eso es una señal clara de que vamos a tener un
      invierno frío.
    ¿Tiene usted cita?

08   ¿Cómo sabe que no le gusta? ¡Si no lo puede ver!
    Tienes que aprender a relajarte.
    ¡Ay, Raúl, es precioso! ¿Cómo lo pagaste con
      sólo tu salario de cajero de banco?
    Creo que llegamos demasiado tarde.

09   ¡Uno de ellos se está aproximando ahora!
    ¡Es demasiado feo para describirlo!
    ¿Ha visto a un niño vestido de indio pasar por
      aquí?
    José es un vendedor excelente.
    Ellos invitan con mucha frecuencia.

10   Mi esposo parece pensar...SIÉNTESE BIEN
      CUANDO LE HABLO...que soy muy
      dominante.
    Veo que todavía no han encontrado el problema.
    Dime si el ruido te molesta.
    No te molestes, Ester, puedo salir sin que te pares.

01 Ay, para de preocuparte. Papá subió a acostarse
hace horas.
¡Un momento, jovencito!
Debemos comer ahí más frecuentemente. Dejan
dinero debajo de los platos.
¡Que feliz estoy de verlos!

02 Es la hora de cerrar, señor.
¿Un día pesado en el taller?
¡Llévenos a la barbería más cercana!
¡Ah! ¿Lo notaste? ¡Sí, en realidad he perdido un
poco de peso!

03 Una ola grande, ¿no?
Déjame ver esos planos otra vez, Pedro.
¡Ay!
¡Ay de mí! Me he equivocado.

04 Él es gentil, amable, honesto, atento, cortés,
comprensivo, leal y completamente aburrido.
Creo que podemos descartar la desnutrición.
Pues, por lo menos la bocina funciona.
Yo sé que puede abrirla un poco más.

05 Seguro que no es nada, querida...hay muchos
sonidos extraños en el campo.
Te das cuenta, Ricardo, que esto es motivo de
divorcio.
¿Pero qué tal si NO es un truco publicitario?
¿Y por qué NO nos caemos, Andrés?

06 Nunca sabré por qué te casaste con un tonto torpe
como yo.
Entiendo que encontraste una dieta que es
verdaderamente efectiva.
Tengo muchas ganas de saber de su viaje.
¿Puedo preguntarte qué tienes en mente?

07 Queridos Amigos: Muchas cosas nuevas nos
han ocurrido a la familia Martín desde que les
mandamos la última tarjeta de Navidad....
¿Quién era?
¿Todavía enojada, cielo?
Muy bien, compañeros, acampemos aquí.

08 Solamente le pregunté cómo se sentía.
¿Cómo puedo saber cuándo quieran estar solos?
Estás soltando la bola muy pronto.
Le parecerán un poco grandes hasta que se
acostumbre a ellos.

09 Trata de no pensar mucho en la situación.
Entonces estamos de acuerdo. Necesitamos
instalar el aire acondicionado.
Luisa dice que Ud. está estudiando para ser
dentista.
¡No te molestes, cariño, contesto yo!

10 Dije que no le caigo bien a la gente por alguna
razón. ¡Abra los oídos, imbécil!
Sí, señor, siempre digo que el secreto de un
matrimonio feliz es hacer muchas cosas juntos.
No te molestes. Usé el último rollo de película
ayer.
Uno de sus deliciosos pollos estuvo en mi jardín
esta mañana.

01 ¡Pero, pensaba que eran herbívoros!
¿Cuándo fue la última vez que acampaste, José?
Llamé a tu jefe para decirle que no irías hoy y él
dijo: "¡Qué bien!"
¿Viste lo que Jaime trajo de su día de pesca?

02 ¡Maravilloso! Mañana empezaremos con las
piernas.
Si él menciona la vaca, trata de cambiar el tema.
¡Eres una mala, mala culebra!
Duerme bien, cariño, porque hay algo que tengo
que decirte por la mañana.

03 ¡Es mi pasatiempo!
¿Cuál es el problema, señor policía?
Se están perdiendo los aperitivos.
¡Bueno, cualquiera puede cometer un error!

04 ¡En momentos como éstos es cuando se puede
usar esa potencia adicional!
No lo creerás, pero cuando esta ópera fue
introducida los críticos pensaban que era terrible.
Es un perro policía.
¡Cualquier idiota sabe que ese plan es estúpido!
¡Dile, Lorenzo!

05 No estaba preocupada. Tú siempre solucionas las
cosas.
¡Tienes que esforzarte más!
Tiene que haber un error. Yo no tengo tanto
dinero.
Lo quiero ver otra vez cuando haya ahorrado
suficiente dinero.

06 ¡Ay, no te quejes más! Cada hombre debe tener
un pasatiempo.
Trate de tenerlo un poco más firme esta vez.
Por favor trate de relajarse.
Dudo que hayan habitantes en este planeta.

07 ¿Tiene un momento?
Manejé por el vecindario tres veces para
confundirlo, luego crucé el puente y fui por el
pueblo y al fin lo dejé cerca del basurero. Nunca
más volveremos a ver a ese gato callejero.
Yo no entraría hoy, Paco.
Bueno, Ramírez, ¿cuál es la excusa esta vez?

08 Sólo ignórelo.
Ustedes dos se están perdiendo todo lo bueno.
¡Estarán muy sorprendidos de verlos!
Tiene que mejorarse rápido, Fernando. Sus
vacaciones empiezan mañana.

09 ¡Ahora apaga la luz y empieza a pedir un vaso de
agua!
Gracias, José. Ahora pásame la sal, por favor.
Un poco más de trabajo, sí, pero es mejor estar
seguro.
Juan está enfermo y no podrá asistir a la escuela
hoy. Habla mi padre.

10 No he estado en una canoa en quince años.
¿Hay otros síntomas?
¿Bueno, me van a atender o tengo que soltar a los
niños?
La mañana es el peor momento del día para Pepe.

01 ¿Por cuánto tiempo ha estado esperando?
¡Y no tenemos que volver a la escuela hasta
  septiembre!
Miremos esa dirección una vez más.
Estoy aquí comiendo una tajada de torta.

02 ¡No, no te puedo prestar mi cuchillo!
¡Deja de crecer!
¿Está seguro de que "no" es su respuesta final?
Se equivocó de tren.

03 Estoy seguro de que tengo mi boleto aquí, en
  alguna parte.
¿Está listo el desayuno, cielo?
Si él choca con el bote, tendremos problemas.
No me deben nada por haber cuidado a los niños.
¡Gané diez mil pesos de ellos!

04 ¿Cómo se escribe "canibalismo"?
Supongo que debería haberlo cocinado un poco
  más.
En veinte palabras o menos, ¿cómo está la
  familia?
Ah, se me olvidó decirte. Me encontré con Daniel
  López hoy. Elena está enferma y cancelaron la
  fiesta.

05 ¡Ya voy! ¡Ya voy!
Páseme esa cosa pesada y grande.
¡Bueno, como sea que se pronuncie, lo quiero
  pedir!
¡No deje que toda esta terminología legal lo
  confunda! Simplemente quiere decir que le dan
  veinte años de cárcel.

06 Necesitas cortarte el pelo.
¿Alguien del público me puede prestar su reloj?
Tenme esto mientras remo a otro sitio mejor.
Y luego para la cena nos van a servir...

07 ¡Ay de mí! ¿Salí y dejé prendida la televisión
  todo el día?
Antes que le diga si es mi hijo, dígame lo que
  hizo.
Buen trabajo, Pérez. Pero el incendio está en la
  otra casa.
¿Taxi, señor?

08 ¡Qué bien! ¡Lo encontraste!
¡Funciona muy bien ahora!
¿Pego la bola? ¿Así?
¿Cómo te fue en las vacaciones?

09 ¡Dije que la bocina está atascada! ¡Ése parece ser
  el problema!
Papá, ¿me prestas el carro?
Trabajas muy duro, Manolo.
No sé cómo tiene la casa tan ordenada con cuatro
  hijos.

10 ¿Y qué dice el gatito? ¡Muy bien! ¿Y qué dice
  el perrito? ¡Mi hijito sabe todo! ¿Y qué dice el
  pajarito?
Dime otra vez cuánto dinero estamos ahorrando.
Es un plomero excelente, pero no me gusta
  mucho su asistente.
A los niños les encantará nuestro juguete nuevo.

01 Solamente dígale que no le tiene miedo.
No me dolió. Se la puso a mi oso.
Le estoy poniendo gotas para la nariz, ¿por qué?
Haga lo opuesto de todo lo que ha hecho hasta
ahora.

02 Ah, ella está bien, ¡gracias! ¡Pero, Sr. director,
llamé por otra razón!
Bueno, señor Sánchez, tiene que tomar su
medicina.
¿Puedo quedarme con él, mamá?
¡Lo bueno con la falsificación es que un bolígrafo
de 50 pesos te permite entrar en el negocio!

03 Estaré trabajando hasta tarde, cariño. Se han
hecho unos cambios en la oficina.
¿Nota como un traje de rayas le hace parecer más
alto?
Ah, a propósito, hablé con el dueño sobre un
apartamento más grande.
Es una tarjeta de tu jefe deseando que te mejores.
Suena como una orden.

04 Siempre le cuesta mucho animarse los lunes por
la mañana.
¡No te puedes ir solamente porque la fiesta
terminó! ¡Tú vives aquí!
¿No crees que tu madre lo está mimando
demasiado?
¡Felicitaciones, señor! Usted es mi primer cliente.

05 ¡Ricardo es un buen trabajador. No ha perdido un
día en 41 años!
No más películas de horror y punto.
No, no salí con otros hombres mientras tú no
estabas.
¡Eso era para mostrarte cómo funcionan los
frenos! Ahora probaremos la velocidad.

06 Francamente, Mercedes, estaba mucho más feliz
con los ratones.
Sí, ella sabía que Ud. venía, pero está en casa a
pesar de eso.
¡Pues estamos en las mismas! ¡Es la primera vez
que yo pongo una!
Estoy pensando en hacer de éste mi último viaje.

07 Él es simplemente un hombre de campo amable,
bondadoso y torpe. Esa cosa detrás del establo es
un pozo petrolero.
Él no está pesado, papá. Estás parado en sus
esquís.
Tiene cuarenta y seis años, pero tiene la energía
de un hombre del doble de su edad.
¡Por favor, Carlos! ¡Todos nos están mirando!

08 Hagamos un trato. Tú no me cuentas tu día y yo
no te contaré el mío.
Ahora, paremos por un momento, señora Rojas,
mientras planeamos detenidamente esto.
¿Por qué no puede esconderse debajo de la cama
como los otros perros?
No te preocupes. ¡Es una manzana podrida!

09 Francamente, nos tiene confundidos. Pero
identificaremos la enfermedad durante la
autopsia.
¿Por cuánto tiempo ha jugado a los bolos,
Ramón?
¡Nueve por seis es setenta y dos! Ahora no
molestes más a mamá mientras trabaja en el
presupuesto.
En realidad, tenía en mente un hombre mucho
más joven.

10 Y como el dinero sólo me ha traído infelicidad
y miseria, y no deseando dejar esta carga a mi
familia, he decidido llevarlo conmigo.
Es bellísimo, tía Marta. Ahora si solamente
encontráramos el mejor sitio para ponerlo.
Algún invierno voy a quedarme despierto para
poder ver cómo esas hojas vuelven a subir a los
árboles.
Creo que estás equivocado. Los que nos tiraban
nueces de los árboles eran más pequeños y
tenían colas.

18-01 La escuela

01 un salón de clase
una pizarra
un maestro
un estudiante

02 un parque de juegos
un trampolín
columpios
un tobogán

03 un borrador
una regla
un cuaderno
un libro de texto

04 un retroproyector
un proyector de diapositivas
un pedazo de tiza
un borrador

05 un corredor
armarios
una escuela
un candado

06 una trompeta
un violín
un piano
una flauta

07 una cancha de baloncesto
un campo de fútbol
una piscina
una cancha de tenis

08 una clase de música
una clase de arte
una clase de matemáticas
una clase de física

09 una clase de gimnasia
un laboratorio de química
una cafetería
una clase de geografía

10 un autobús escolar
una mochila
un examen
un escritorio

18-02 Equipos electrónicos y aparatos electrodomésticos

01 un televisor
una computadora
un radio
una videograbadora

02 un casete
un tocacasetes
un disco compacto
un tocadiscos de CD

03 un microondas
una nevera
una estufa
una licuadora

04 un tostador
una aspiradora
una plancha
una cafetera

05 un disco
un tocadiscos
un altoparlante
un micrófono

06 un radiocasete portátil
un secador de pelo
una máquina de afeitar eléctrica
una guitarra eléctrica

07 un teclado
un ratón
un monitor
un cable eléctrico

08 un control remoto
un teléfono celular
una impresora
una antena

09 un tomacorriente
un disquete
un reloj analógico
un reloj digital

10 una antena parabólica
una máquina de escribir
audífonos
pilas

18-03 Partes de la casa y muebles

01 un piso
un techo
una pared
una puerta

02 cortinas
un armario
una mesa
un estante para libros

03 una araña de luces
una chimenea
una lámpara
un interruptor

04 un gancho de ropa
una terraza
una lavadora
una ventana

05 una cómoda
una alfombra
una cama
un espejo

06 un ático
un sótano
un garaje
un camino de entrada

07 una ducha
un lavamanos
un retrete
una bañera

08 un sillón
un taburete
un banco
un sofá

09 un ropero
una escalera
un dormitorio
un comedor

10 una sala
una cocina
un baño
una chimenea

18-04 Partes del cuerpo humano

01 el brazo
la espalda
las piernas
el pelo

02 el corazón
los pulmones
el cerebro
el estómago

03 la muñeca
el codo
el hombro
la mano

04 el dedo índice
la palma de la mano
la parte posterior de la mano
el puño

05 el cuello
el pulgar
la cara
la cabeza

06 el tobillo
el dedo gordo
el pie
el talón

07 la rodilla
el muslo
el vientre
la pantorrilla

08 la mandíbula
la mejilla
la barbilla
la nariz

09 los dientes
el labio
la lengua
la boca

10 la frente
la ceja
la oreja
el ojo

18-05 Edificios

01 una cárcel
un banco
una fábrica
un templo

02 una biblioteca
un cine
un aeropuerto
una panadería

03 casas en serie
un edificio de apartamentos
un estacionamiento
un granero

04 una pirámide
una catedral
un castillo
una casa

05 una gasolinera
una estación de metro
una carpa de circo
una torre

06 una mezquita
una universidad
una iglesia
una sinagoga

07 un supermercado
un hospital
una estación de policía
una farmacia

08 grandes almacenes
una carpa
una peluquería
un restaurante

09 un puente
una torre de agua
un estadio
una carretera

10 un edificio de una planta
un edificio de dos plantas
un edificio de tres plantas
un rascacielos

18-06 Vestimenta

01 una blusa
una falda
medias
tacones

02 una pulsera
un collar
un anillo
un arete

03 un cuello
una manga
un botón
un cinturón

04 zapatos
botas
sandalias
calcetines

05 pantuflas
jeans
un traje
una bata

06 una chaqueta
un abrigo
un impermeable
un suéter

07 una combinación
un velo
una hebilla
un sombrero

08 pantalones
una corbata
zapatos deportivos
zapatos de vestir

09 guantes
mitones
una bufanda
un overol

10 un bolso
una camiseta
pantalones cortos
una sudadera

18-07 Países

01 Indonesia
Colombia
Venezuela
Perú

02 Polonia
Suecia
Turquía
Rusia

03 Estados Unidos de América
Canadá
México
Brasil

04 Gran Bretaña
Irlanda
Bélgica
Holanda

05 Francia
Italia
Alemania
España

06 India
Irak
Paquistán
Arabia Saudita

07 Israel
Nigeria
República del Congo
Sudáfrica

08 Corea del Norte y Corea del Sur
Vietnam
China
Japón

09 Argelia
Libia
Egipto
Australia

10 Portugal
Suiza
Noruega
Finlandia

18-08 Animales

01 insectos
mamíferos
aves
reptiles

02 una araña
un panda
un búho
un pez

03 una jirafa
un loro
un rinoceronte
una ardilla

04 un lobo
un venado
una vaca
un caballo

05 un lagarto
un pato
un cisne
un pollo

06 un dragón
un unicornio
un elfo
una sirena

07 un ser humano
un oso
un gorila
un mico

08 un león
una oveja
un pavo
una ballena

09 un gallo
una rana
un perro
un gato

10 una mariposa
un cocodrilo
una culebra
un cerdo

18-09 Plantas

01 flores
un árbol
un arbusto
mala hierba

02 bulbos
semillas
raíces
un tronco

03 una rama
una hoja
una espina
un diente de león

04 un pino
un manzano
un roble
bambú

05 margaritas
lirios
cactus
un prado

06 musgo
hongos
liquen
helechos

07 tulipanes
pasto
nenúfares
rosas

08 corteza
hiedra
acebo
un tocón

09 piñas
plantas
bellotas
trébol

10 un árbol de hoja perenne
un bosque
nueces
bayas

18-10 Alimentos y bebidas

01 la fruta
las verduras
la carne de res
la leche

02 el café
el té
el azúcar
la crema

03 la mermelada
el pan
la mantequilla
los huevos

04 las galletas dulces
una tostada
la pasta
la pizza

05 la torta
el pastel
las papas al horno
la sopa

06 la gaseosa
las galletas saladas
el queso
las nueces

07 el tocino
el jamón
el bistec
el pollo

08 la ensalada
el aliño para ensaladas
el cereal
el jugo de naranja

09 la sal
la pimienta
la salsa de tomate
la mostaza

10 el perro caliente
la hamburguesa
las papas fritas
las papas fritas de bolsa

19-01 Partes del carro

01 el baúl
el capó
el techo
el parabrisas

02 la palanca de cambio de velocidades
el pedal del freno
el pedal del acelerador
el pedal del embrague

03 el volante
el velocímetro
el cuentakilómetros
el indicador del nivel de gasolina

04 un termómetro
una llanta
un motor
una batería

05 el cinturón de seguridad
el tapacubos
la tapa del tanque de gasolina
la placa de matrícula

06 un parachoques
un limpiaparabrisas
una rueda
un radio

07 los asientos delanteros
los asientos traseros
un asiento de carro para niños
una llanta de repuesto

08 un silenciador
un espejo retrovisor
una guantera
un radiador

09 un cenicero
un encendedor de cigarrillos
un freno de mano
una antena

10 un altoparlante
un faro
una luz trasera
bujías

19-02 Geografía

01 el océano Índico
el océano Atlántico
el océano Ártico
el océano Pacífico

02 el mar Mediterráneo
el mar de China Meridional
el mar de Japón
el mar Adriático

03 el río Misisipí
el río Nilo
el río Amazonas
el canal de Suez

04 América del Norte
América del Sur
Europa
Asia

05 Australia
la Antártida
África
el círculo polar ártico

06 el Polo Norte
el Polo Sur
el ecuador
el mundo

07 los Andes
los Alpes
el Himalaya
las Montañas Rocosas

08 un río
un arroyo
un lago
el océano

09 un volcán
un desierto
una montaña
un valle

10 una isla
una península
un continente
una bahía

19-03 La cocina: utensilios y aparatos electrodomésticos

01 un plato
    un cuchillo
    un tenedor
    una cuchara

02 un salero
    un molinillo de pimienta
    un abrelatas
    una servilleta

03 una nevera
    una cuchara de servir
    una espátula
    una sartén

04 un tazón para mezclar
    un armario
    un congelador
    una taza

05 una taza de té
    un vaso
    una tetera
    una estufa

06 una olla
    cucharas para medir
    un trapo
    un lavaplatos

07 una tabla para cortar
    una cacerola
    una taza para medir
    un cajón

08 un mantel
    un cuchillo de carnicero
    cubiertos de plata
    una cocina

09 un horno
    un rodillo
    un cuchillo para mantequilla
    un cuchillo para pan

10 un sacacorchos
    unos palillos
    una copa de vino
    un tazón

19-04 Ocupaciones, oficios, profesiones

01 un buzo
    un obrero de construcción
    un camarero
    un granjero

02 un árbitro
    un pastor
    un dentista
    un bombero

03 un cirujano
    una enfermera
    un director de orquesta
    un artista

04 chefs
    acróbatas
    bailarinas
    mecánicos

05 un piloto
    una secretaria
    un maletero
    un profesor

06 un policía
    un panadero
    un soldado
    un músico

07 un médico
    un peluquero
    un sacerdote
    un astronauta

08 un científico
    un reportero
    un fotógrafo
    un oficial

09 un camionero
    un arquitecto
    un vaquero
    un sastre

10 un técnico en computadoras
    un técnico en tendido de cables
    un payaso
    un cartero

19-05 Deportes y juegos

01 baloncesto
deslizamiento en trineo
billar
polo

02 dardos
fútbol
rugby
salto en alto

03 tenis
lanzamiento de bala
clavados
gimnasia

04 lucha libre
esquí
boxeo
esgrima

05 golf
hockey sobre hielo
levantamiento de pesas
correr

06 ajedrez
damas
dominó
naipes

07 carrera de carros
carrera de caballos
tiro al arco
natación

08 escalada en roca
patinaje sobre hielo
carrera de motocicletas
béisbol

09 vela
surf
esquí acuático
salto con garrocha

10 dados
backgammon
voleibol
ping-pong

19-06 Herramientas

01 un martillo
los clavos
los tornillos
un destornillador

02 una sierra eléctrica
un serrucho
un taladro eléctrico
un taladro manual

03 una linterna
una llave inglesa regulable
una aceitera
un gato

04 una escuadra
un nivelador
una sierra para metales
una navaja de bolsillo

05 un alicate
una llave inglesa
una cinta métrica
una caja de herramientas

06 una carretilla
una pala
una azada
un rastrillo

07 un tornillo de banco
una palanca
un hacha
un hachuela

08 un machete
una paleta
una brocha
una cadena

09 una escalera
una soga
un cepillo de carpintero
una cortadora de césped

10 una máquina de coser
un dedal
las tijeras
el hilo

19-07 Verduras y frutas

01 las zanahorias
    las coliflores
    las lechugas
    los repollos

02 el arroz
    el maíz
    las arvejas
    las papas

03 las piñas
    los tomates
    las habichuelas
    los pimientos

04 las manzanas
    las naranjas
    las bananas
    las uvas

05 las fresas
    los cocos
    los dátiles
    las cerezas

06 los hongos
    los maníes
    los pepinos
    los rábanos

07 las calabazas
    los nabos
    las aceitunas
    las sandías

08 el trigo
    la harina
    el pan
    la avena

09 las toronjas
    los limones
    las limas
    las frambuesas

10 los duraznos
    las peras
    las cebollas
    las berenjenas

19-08 Vehículos

01 un autobús
    un tren
    un carro
    un camión

02 un convertible
    un station wagon
    una furgoneta de reparto
    un miniván

03 un tractor
    un camión con remolque
    un monocarril
    el metro

04 unas motocicletas
    unas bicicletas
    una moto de tres ruedas
    una silla de ruedas

05 un barco de vela
    un bote de remos
    una canoa
    un submarino

06 un avión
    un helicóptero
    un cohete
    un carro de policía

07 un funicular
    un trineo
    un globo de aire caliente
    un cochecito

08 una limosina
    un taxi
    un vehículo lunar
    un bote de pedales

09 un carruaje
    un carro de bomberos
    una ambulancia
    un jeep

10 una balsa
    una lancha motora
    un jet
    un avión de hélice

19-09   La oficina

01	un hombre de negocios
	un maletín
	un gráfico
	un tablero de anuncios
02	un traje
	un fax
	una copiadora
	una oficina
03	un ascensor
	un cuaderno
	un teléfono celular
	sujetapapeles
04	una carpeta
	una carpeta de anillos
	un bolígrafo
	un escritorio
05	una hoja de cálculo
	cinta adhesiva
	una grapadora
	una tachuela
06	una secretaria
	un jefe
	un cajón
	una carta comercial
07	una estampilla
	una dirección
	un abrecartas
	un pisapapeles
08	una caja registradora
	una perforadora
	un teléfono
	tijeras
09	un archivador
	una papelera
	unos elásticos
	una impresora
10	un extintor
	una silla
	una cafetera
	un calendario de escritorio

19-10   Matemáticas

01	un círculo
	un cuadrado
	un triángulo
	un pentágono
02	líneas paralelas
	líneas perpendiculares
	una fracción
	un número entero
03	suma
	resta
	multiplicación
	división
04	una ecuación
	un gráfico
	un cubo
	una esfera
05	el radio
	el diámetro
	un número positivo
	un número negativo
06	aritmética
	geometría
	álgebra
	cálculo
07	una recta
	el área
	el perímetro
	un óvalo
08	un ángulo
	un exponente
	una raíz cuadrada
	un porcentaje
09	un rectángulo
	un ángulo agudo
	un ángulo obtuso
	un ángulo recto
10	un ángulo de menos de 90 grados
	un ángulo de 90 grados
	un ángulo de más de 90 grados
	números

EL ALFABETO

El Alfabeto

A	a
B	b
C	c
CH	ch
D	d
E	e
F	f
G	g
H	h
I	i
J	j
K	k
L	l
LL	ll
M	m
N	n
Ñ	ñ
O	o
P	p
Q	q
R	r
S	s
T	t
U	u
V	v
X	x
Y	y
Z	z

ÍNDICE

Indice

En este índice, cada palabra está seguida por la Parte y la Lección
en que aparece. El número de veces que aparece la palabra en cada
lección está entre paréntesis.

In this index, each word is followed by the Unit and Lesson in which
it occurs. The number of times that the word appears in the lesson is
enclosed in parentheses.

Dans cet index, chaque mot est suivi de la Partie et de la Leçon
correspondantes. Le nombre de fois où le mot apparaît dans chaque
leçon est indiqué entre parenthèses.

In diesem Index steht nach jedem Wort der Teil mit der Lektion, in der
das Wort vorkommt. In Klammern wird angegeben, wie oft ein Wort in
einer Lektion auftritt.

In deze index staan achter ieder woord de hoofdstukken en lessen
vermeld, waarin het woord voorkomt. Het aantal keren dat het woord
in een les voorkomt, staat tussen haakjes.

この索引では、各単語の後にそれが出てくる
ユニット、レッスンが記されています。
又、ユニット、レッスンに出てくる各単語の
使用回数はカッコの中に記されています。

a	9-02 (12), 9-05 (4), 9-06 (12), 9-07 (6), 9-08 (6), 9-09 (3), 9-10 (21), 10-01 (2), 10-02 (2), 10-03 (4)…
abajo	10-04 (1), 10-08 (2), 11-06 (4), 11-07 (1), 15-09 (1), 17-04 (1)
abierta	11-08 (5), 12-08 (4), 15-06 (1)
abiertos	12-09 (2)
abotona	11-03 (2)
abra	17-05 (1), 17-07 (1)
abras	17-05 (1)
abraza	11-04 (1), 12-04 (3)
abrazan	12-04 (1)
abrazando	11-04 (1), 14-09 (1)
abre	9-09 (2), 10-01 (4), 10-04 (1), 11-05 (2), 13-05 (2), 13-07 (2), 14-01 (1), 16-06 (1)
abrecartas	19-09 (1)
abrelatas	19-03 (1)
abriendo	11-08 (2)
abrigo	9-02 (1), 9-07 (1), 11-03 (1), 11-05 (2), 12-09 (2), 13-01 (1), 14-10 (1), 17-04 (1), 18-06 (1)
abril	15-02 (2), 15-07 (1)
abrió	11-08 (1)
abrir	9-10 (4), 11-01 (1), 11-05 (1), 11-08 (4), 11-10 (2), 15-10 (10)
abrirla	17-07 (1)
abrocharse	13-10 (2)
aburre	12-02 (2)
aburrida	12-02 (1), 15-01 (2), 15-10 (1)
aburrido	12-02 (3), 15-01 (2), 17-07 (1)
acaba	12-06 (1), 15-01 (2), 16-03 (1)
acabado	10-06 (1), 11-08 (1)
acaban	11-08 (1), 16-03 (1)
acabó	11-08 (3)
acampaste	17-08 (1)
acampemos	17-07 (1)
accidente	17-01 (1), 17-03 (1)
acebo	18-09 (1)
aceite	13-07 (2)
aceitera	19-06 (1)
aceitunas	19-07 (1)
acelerador	19-01 (1)
acerca	15-10 (1), 17-05 (1)
acercan	15-10 (1)
acercando	15-10 (2)
acondicionado	17-07 (1)
acordó	13-10 (4)
acostado	11-06 (6)
acostados	11-06 (1)
acostarse	17-07 (1)
acostumbre	17-07 (1)

acróbatas	19-04 (1)
acuático	19-05 (1)
acuerda	17-01 (1)
acuerdo	12-03 (2), 17-05 (1), 17-07 (1)
acuesta	9-02 (2), 16-06 (1)
adelantado	16-06 (2), 17-01 (1)
adelante	10-04 (1)
adentro	10-04 (1), 11-05 (1), 13-02 (1), 14-05 (2), 17-04 (2)
adhesiva	9-09 (1), 11-01 (3), 19-09 (1)
adicional	17-08 (1)
adiós	10-02 (3), 10-10 (4), 17-03 (2)
adivina	9-08 (5)
Adolfo	10-02 (2), 16-02 (2)
adónde	9-02 (2), 10-10 (1), 14-01 (1), 16-10 (2)
Adriático	19-02 (1)
adulta	12-09 (2)
adulto	11-06 (1)
adultos	11-03 (2)
aérea	14-09 (2)
aeropuerto	10-03 (1), 18-05 (1)
afeita	10-07 (2)
afeitar	10-07 (2), 18-02 (1)
afilado	9-04 (1), 12-06 (1), 14-02 (2)
afirma	11-04 (2)
África	15-09 (1), 17-04 (1), 19-02 (1)
afuera	10-04 (1), 11-02 (2), 11-05 (1), 13-02 (1), 14-05 (2)
agarra	17-01 (1)
agarrado	12-09 (1)
agarrar	12-09 (1)
agarraste	17-02 (1)
agita	15-03 (1)
agosto	15-02 (1)
agradable	16-10 (1)
agrio	14-02 (1)
agrios	14-02 (1)
agua	9-01 (4), 10-01 (1), 10-06 (1), 10-09 (4), 11-02 (4), 11-06 (1), 11-10 (2), 12-01 (5), 12-04 (4), 12-05 (2), 12-08 (2), 12-10 (1), 13-02 (2), 13-07 (1), 14-10 (2), 15-03 (4), 15-09 (1), 17-01 (1), 17-08 (1), 18-05 (1)
aguda	12-05 (2)
agudo	12-05 (1), 14-02 (1), 19-10 (1)
ah	16-10 (1), 17-04 (1), 17-05 (1), 17-07 (1), 17-09 (1), 17-10 (2)
ahí	9-02 (2), 11-01 (1), 12-03 (2), 16-10 (2), 17-07 (1)
ahora	9-03 (1), 10-10 (2), 11-02 (1),

	12-02 (4), 14-01 (1), 14-03 (3),	algún	16-02 (1), 17-03 (1), 17-10 (1)
	15-07 (3), 16-04 (1), 16-07 (6),	alguna	16-10 (1), 17-07 (1), 17-09 (1)
	16-10 (1), 17-01 (2), 17-02 (5),	algunas	11-01 (1), 12-01 (1), 12-02 (1),
	17-03 (3), 17-04 (3), 17-05 (2),		14-03 (2), 14-08 (1)
	17-06 (2), 17-08 (2), 17-09 (1),	alguno	16-10 (1)
	17-10 (5)	algunos	11-07 (2), 12-01 (1), 12-05 (2),
ahorrado	17-08 (1)		16-05 (1)
ahorrando	17-09 (1)	alicate	19-06 (1)
aire	13-06 (3), 13-07 (2), 16-09 (1),	Alicia	11-01 (1), 17-04 (1)
	16-10 (1), 17-07 (1), 19-08 (1)	aliño	18-10 (1)
ajedrez	9-05 (1), 11-10 (2), 19-05 (1)	almacén	13-03 (1), 13-04 (1)
ajusta	13-07 (1)	almacenes	18-05 (1)
al	9-02 (2), 9-07 (1), 9-08 (4), 9-09 (1),	almohada	11-02 (6), 15-03 (2)
	10-01 (1), 10-03 (1), 10-04 (4),	almorzar	16-01 (1)
	10-05 (12), 11-02 (1), 11-04 (2),	almuerza	9-02 (2), 16-01 (1), 16-06 (1)
	11-06 (1), 11-07 (1), 11-08 (2),	almuerzan	16-03 (1)
	12-01 (1), 12-02 (4), 12-03 (1),	almuerzo	17-03 (1)
	12-06 (1), 12-09 (2), 13-01 (3),	aló	10-02 (1), 10-10 (3), 17-02 (2)
	13-07 (3), 13-08 (1), 13-09 (4),	Alpes	19-02 (1)
	13-10 (2), 14-01 (2), 14-05 (1),	alrededor	11-06 (1), 15-06 (2), 16-04 (3)
	14-07 (2), 14-08 (2), 14-10 (3),	alta	9-01 (1), 9-06 (1), 10-09 (1),
	15-03 (3), 15-09 (7), 16-02 (1),		11-07 (3), 14-10 (2)
	16-03 (1), 16-05 (1), 16-06 (3),	alto	9-06 (2), 13-09 (2), 16-06 (1),
	16-09 (1), 17-01 (1), 17-03 (1),		17-02 (2), 17-05 (3), 17-10 (1),
	17-04 (1), 17-05 (1), 17-08 (1),		19-05 (1)
	18-10 (1), 19-05 (1)	altoparlante	18-02 (1), 19-01 (1)
alambre	11-09 (4)	altura	9-01 (3), 9-06 (1)
Alberto	17-05 (1)	alturas	9-01 (3)
alcanzar	9-04 (2), 9-07 (2), 9-10 (4), 12-02 (2),	alzar	11-10 (2), 12-02 (2), 12-06 (1),
	12-09 (2), 14-10 (4), 15-10 (2)		15-10 (1), 16-09 (3), 17-02 (1)
aleja	15-10 (1)	allá	9-02 (1), 10-02 (2)
alejan	15-10 (1)	allí	11-07 (1), 12-03 (1), 16-02 (2),
alejando	15-10 (2)		16-10 (1)
alemán	13-06 (1)	amable	17-07 (1), 17-10 (1)
alemanes	12-03 (1)	aman	16-03 (2)
Alemania	18-07 (1)	amanecer	16-06 (1)
alfombra	9-10 (3), 18-03 (1)	amarillas	16-10 (1)
Alfredo	11-05 (4)	amarillo	12-08 (2), 16-10 (2)
álgebra	19-10 (1)	amarillos	16-10 (1)
algo	9-07 (4), 9-08 (9), 9-09 (5), 10-05 (1),	Amazonas	19-02 (1)
	10-06 (4), 11-02 (1), 11-03 (3),	ambas	9-01 (2), 14-04 (1)
	11-05 (3), 12-07 (1), 13-02 (6),	ambos	12-03 (1), 12-06 (1), 15-07 (1)
	13-04 (4), 13-08 (1), 13-09 (4),	ambulancia	14-04 (2), 16-05 (1), 19-08 (1)
	14-02 (2), 14-05 (2), 15-01 (2),	América	15-04 (1), 18-07 (1), 19-02 (2)
	15-03 (8), 15-06 (2), 15-10 (2),	americano	15-04 (1)
	16-02 (1), 16-09 (4), 17-03 (2),	ametralladoras	16-04 (1)
	17-06 (2), 17-08 (1)	amiga	13-07 (1), 16-03 (1)
alguien	9-10 (1), 10-05 (12), 10-06 (4),	amigo	9-10 (4), 10-10 (1), 16-03 (1),
	10-07 (2), 11-02 (5), 11-06 (3),		17-01 (1)
	12-01 (1), 12-03 (4), 12-07 (4),	amigos	16-03 (3), 17-07 (1)
	13-03 (4), 15-05 (2), 15-06 (2),	amo	16-03 (4)
	15-08 (12), 17-04 (1), 17-09 (1)	amor	12-02 (2)

Ana	10-06 (4), 17-03 (1)
analógico	18-02 (1)
anaquel	15-10 (2)
ancho	9-09 (1)
anda	17-03 (1)
Andes	19-02 (1)
Andrés	14-01 (1), 17-07 (1)
anfibio	12-10 (2)
anfibios	12-10 (1)
Angela	17-04 (1)
ángulo	14-07 (7), 19-10 (7)
anillo	16-03 (1), 18-06 (1)
anillos	19-09 (1)
animal	9-03 (6), 11-02 (4), 11-06 (4), 12-01 (7), 12-05 (6), 12-08 (4), 12-10 (18), 15-04 (1)
animales	9-01 (2), 12-01 (4), 12-05 (2), 12-10 (1), 16-09 (2), 17-06 (1)
animarse	17-10 (1)
Antártida	19-02 (1)
anteayer	15-07 (2)
antena	18-02 (2), 19-01 (1)
anteojos	9-10 (2), 13-07 (2)
antes	9-03 (1), 10-09 (2), 15-06 (7), 16-07 (6), 17-09 (1)
antigua	14-03 (3), 15-04 (1)
antiguo	14-03 (2)
Antonio	17-01 (1)
anuncios	19-09 (1)
año	10-09 (4), 14-03 (4), 15-02 (2), 15-07 (2), 16-04 (1), 16-08 (2), 17-03 (1)
años	9-01 (2), 10-09 (4), 12-08 (4), 16-04 (4), 17-01 (1), 17-08 (1), 17-09 (1), 17-10 (2)
apaga	13-07 (2), 17-08 (1)
apartamento	17-10 (1)
apartamentos	18-05 (1)
aparte	17-05 (1)
aperitivos	17-08 (1)
apoya	11-04 (2)
aprender	17-06 (1)
aprendiendo	13-06 (8)
apretado	17-03 (1)
aprieta	11-04 (2), 13-02 (1), 15-03 (1)
aprieto	17-03 (1)
apropiada	9-03 (6)
aproximando	17-06 (1)
apuesto	16-10 (1)
aquí	9-02 (3), 9-04 (1), 10-01 (1), 11-01 (5), 12-03 (3), 12-06 (1), 13-09 (2), 16-02 (11), 16-05 (8),

	17-01 (3), 17-02 (2), 17-03 (4), 17-04 (1), 17-05 (2), 17-06 (5), 17-07 (1), 17-09 (2), 17-10 (1)
árabe	11-03 (1), 13-06 (1), 15-04 (2), 16-07 (1)
Arabia	16-04 (1), 18-07 (1)
Arabia Saudita	18-07 (1)
araña	18-03 (1), 18-08 (1)
árbitro	19-04 (1)
árbol	13-01 (1), 18-09 (2)
árboles	12-01 (4), 16-10 (1), 17-10 (2)
arbusto	18-09 (1)
arco	14-07 (1), 19-05 (1)
archiva	9-09 (1)
archivador	9-09 (1), 19-09 (1)
ardilla	18-08 (1)
área	14-07 (4), 19-10 (1)
arena	16-06 (1), 16-10 (1)
arete	14-01 (2), 18-06 (1)
Argelia	18-07 (1)
aritmética	19-10 (1)
arma	12-01 (3), 14-09 (3)
armadas	14-09 (2)
armadura	16-04 (2)
armario	10-04 (1), 10-06 (1), 14-05 (1), 18-03 (1), 19-03 (1)
armarios	18-01 (1)
armas	14-09 (3)
arquitecto	19-04 (1)
arrastra	13-02 (2)
arrastrando	13-02 (1)
arriba	10-04 (1), 10-08 (2), 11-06 (3), 14-01 (1), 15-09 (1)
arrodillada	11-06 (1)
arrodilladas	11-06 (1)
arrodillado	11-06 (1)
arroyo	19-02 (1)
arroz	19-07 (1)
arte	18-01 (1)
ártico	19-02 (2)
artículo	13-03 (4)
artículos	9-01 (2), 13-05 (1), 14-06 (4)
artista	16-08 (1), 16-09 (2), 19-04 (1)
artistas	15-04 (4)
Arturo	10-02 (1)
arvejas	19-07 (1)
ascensor	19-09 (1)
así	9-03 (4), 14-10 (4), 16-10 (1), 17-09 (1)
Asia	15-09 (1), 19-02 (1)
asiento	19-01 (1)
asientos	19-01 (2)

asistente	17-09 (1)	ayudarme	11-01 (2)
asistir	17-08 (1)	ayudarte	9-10 (1)
asocia	16-08 (2)	ayúdeme	17-01 (1)
áspero	14-02 (3)	azada	19-06 (1)
aspiradora	18-02 (1)	azúcar	14-02 (1), 17-03 (1), 18-10 (1)
aspirar	14-05 (1)	azul	9-06 (1), 16-10 (1), 17-05 (1)
astronauta	19-04 (1)	backgammon	19-05 (1)
ata	11-03 (3), 11-05 (2), 13-02 (1)	bahía	19-02 (1)
atardecer	16-06 (1)	bailan	16-03 (1)
atarse	13-10 (2)	bailando	9-06 (4)
atascada	17-09 (1)	bailarinas	19-04 (1)
atender	17-08 (1)	baja	10-09 (1), 11-05 (1), 12-04 (1),
atento	17-07 (1)		12-06 (1), 14-10 (2), 16-06 (1)
aterrizando	10-03 (1)	bajado	11-08 (4)
ático	18-03 (1)	bajan	11-07 (3)
Atlántico	15-09 (3), 19-02 (1)	bajando	17-04 (1)
atletas	14-09 (1)	bajar	11-07 (1)
atornilla	15-03 (1)	bajará	17-03 (1)
atragantando	14-04 (1)	bajo	11-07 (1)
atrapó	17-01 (1), 17-02 (1)	bala	12-05 (1), 19-05 (1)
atrás	10-04 (1), 17-04 (1), 17-05 (1)	balanza	9-09 (1), 10-08 (2), 14-08 (1)
audífonos	13-10 (1), 18-02 (1)	baloncesto	17-04 (1), 18-01 (1), 19-05 (1)
auditorio	15-05 (1)	balsa	19-08 (1)
aunque	14-10 (5), 16-01 (1)	ballena	18-08 (1)
Australia	15-04 (1), 18-07 (1), 19-02 (1)	bambú	18-09 (1)
autobús	9-03 (2), 10-03 (7), 11-05 (2),	banana	9-02 (1), 11-09 (2), 12-07 (6),
	11-07 (1), 15-05 (1), 18-01 (1),		13-06 (2)
	19-08 (1)	bananas	13-05 (2), 19-07 (1)
autopsia	17-10 (1)	banco	12-03 (4), 17-06 (1), 18-03 (1),
autor	16-08 (1)		18-05 (1), 19-06 (1)
autostop	11-07 (1)	bandeja	9-08 (2)
auxilio	17-01 (1), 17-02 (1)	baña	10-07 (2)
ave	12-10 (8)	bañando	17-03 (2)
avena	19-07 (1)	bañera	10-07 (3), 18-03 (1)
avergonzado	15-01 (1)	baño	9-04 (1), 10-01 (1), 10-07 (1),
aves	18-08 (1)		11-03 (1), 12-03 (2), 16-01 (1),
avión	10-03 (4), 11-08 (2), 11-10 (2),		16-02 (4), 18-03 (1)
	19-08 (2)	barata	13-03 (1)
aviones	16-10 (1)	barato	13-03 (1)
avíseme	17-06 (1)	barba	13-06 (8)
aviso	15-04 (2)	Bárbara	17-03 (1)
ay	17-03 (2), 17-05 (1), 17-06 (1),	barbería	17-07 (1)
	17-07 (3), 17-08 (1), 17-09 (1)	barbilla	11-04 (1), 18-04 (1)
ayer	15-07 (4), 17-07 (1)	barca	9-03 (2)
ayuda	9-07 (1), 9-10 (13), 11-01 (1),	Barcelona	10-08 (1)
	12-02 (1)	barco	9-03 (2), 13-01 (1), 16-07 (4),
ayúdame	9-10 (4), 11-01 (1), 12-06 (1)		16-10 (1), 19-08 (1)
ayudando	11-02 (2)	barcos	13-01 (1), 16-10 (3)
ayudándola	9-10 (3)	barón	17-04 (1)
ayudándolo	9-10 (2)	barre	10-07 (1)
ayudar	9-04 (3), 9-10 (2), 10-02 (2),	barrer	11-10 (2)
	11-01 (2), 12-02 (1)	barro	14-06 (2)

bastante	16-10 (2), 17-02 (1)	blanca	9-02 (1)
bastón	9-07 (1)	blancas	14-01 (2), 16-10 (1)
basura	9-07 (1), 9-09 (1), 11-01 (1),	blanco	14-10 (1)
	12-06 (3), 16-05 (1)	bloques	13-02 (3)
basurero	16-05 (1), 17-08 (1)	blusa	18-06 (1)
bata	10-07 (2), 18-06 (1)	boca	11-06 (7), 11-07 (1), 12-08 (4),
batalla	16-08 (1)		12-09 (1), 18-04 (1)
bate	13-04 (1)	bocado	10-06 (2), 13-03 (1), 13-04 (2)
batería	19-01 (1)	bocados	13-03 (1), 13-04 (4), 16-03 (1)
baúl	9-10 (2), 11-05 (2), 13-07 (3),	bocina	17-07 (1), 17-09 (1)
	19-01 (1)	boda	11-03 (1)
bayas	18-09 (1)	bodas	16-03 (1)
bebe	12-07 (1), 12-09 (1)	bola	17-07 (1), 17-09 (1)
bebé	13-01 (2), 13-06 (2)	bolas	17-04 (1)
beber	11-01 (1), 11-10 (2), 12-09 (2),	boleto	12-03 (3), 17-09 (1)
	16-02 (1)	boletos	10-03 (2)
beberá	11-02 (1)	bolígrafo	10-01 (1), 12-09 (1), 13-10 (2),
bebería	12-09 (1)		17-10 (1), 19-09 (1)
bebida	11-01 (1)	bolos	17-10 (1)
bebido	11-02 (1)	bolsa	13-02 (1), 13-05 (3), 16-05 (1),
bebiendo	11-02 (1), 12-07 (6), 13-01 (2)		18-10 (1)
bebió	17-02 (1)	bolsillo	19-06 (1)
Beijing	10-08 (1)	bolso	13-07 (2), 18-06 (1)
béisbol	11-05 (1), 19-05 (1)	Bombay	16-07 (2)
Bélgica	18-07 (1)	bombero	16-05 (1), 19-04 (1)
bellísimo	17-10 (1)	bomberos	16-05 (2), 17-04 (1), 19-08 (1)
bellotas	18-09 (1)	bombilla	11-08 (2), 11-09 (2)
berenjenas	19-07 (1)	bondadoso	17-10 (1)
Berna	10-08 (1)	bonitas	16-10 (2)
besa	10-05 (6)	borrador	15-08 (2), 18-01 (2)
besado	10-05 (4)	borrando	15-08 (3)
besan	10-05 (1), 16-03 (1)	bosque	18-09 (1)
beso	17-04 (1)	bostezando	9-05 (1)
biblioteca	11-01 (1), 16-05 (1), 18-05 (1)	botas	12-09 (2), 18-06 (1)
bibliotecaria	16-05 (1)	bote	17-09 (1), 19-08 (2)
bicicleta	9-02 (1), 12-08 (3), 13-06 (1),	botella	12-07 (2), 12-08 (1), 15-03 (4)
	13-09 (3)	botón	10-04 (1), 10-07 (1), 17-03 (1),
bicicletas	13-06 (5), 19-08 (1)		18-06 (1)
bien	9-04 (4), 10-02 (3), 10-04 (4),	boxeadores	14-09 (1)
	10-10 (1), 11-01 (1), 11-10 (2),	boxeo	19-05 (1)
	13-09 (4), 14-02 (1), 14-04 (2),	Brasil	18-07 (1)
	15-01 (1), 16-10 (1), 17-01 (1),	brazo	11-04 (6), 18-04 (1)
	17-02 (3), 17-03 (2), 17-04 (2),	brazos	11-04 (5), 11-06 (2), 13-02 (1),
	17-05 (1), 17-06 (1), 17-07 (2),		17-05 (1)
	17-08 (2), 17-09 (3), 17-10 (1)	Bretaña	15-04 (2), 16-05 (1), 16-07 (5),
bigote	13-06 (8)		18-07 (1)
billar	19-05 (1)	brillante	11-09 (1)
billete	12-03 (2)	británico	16-07 (3)
billetera	16-05 (2)	británicos	15-04 (1)
billetes	12-03 (4)	brocha	15-03 (2), 17-04 (1), 19-06 (1)
biseca	14-07 (4)	bromeando	17-06 (1)
bistec	16-02 (3), 18-10 (1)	Bruselas	12-03 (1)

buen	16-10 (1), 17-04 (1), 17-09 (1), 17-10 (1)
buena	11-10 (1)
buenas	12-06 (1)
buenísima	17-01 (1)
buenísimo	17-04 (1), 17-05 (1)
bueno	11-10 (1), 16-10 (5), 17-02 (3), 17-04 (1), 17-08 (4), 17-09 (1), 17-10 (2)
bufanda	16-01 (1), 18-06 (1)
búho	18-08 (1)
bujías	19-01 (1)
bulbos	18-09 (1)
bumerang	11-05 (1)
burro	11-06 (6)
busca	11-01 (1), 17-05 (1)
buscando	9-09 (3), 14-01 (4)
buscar	11-01 (1), 11-05 (2)
buzo	19-04 (1)
buzón	10-01 (2), 16-05 (1)
caballeros	12-03 (2), 16-02 (2), 16-04 (1), 17-02 (1)
caballo	9-03 (2), 9-05 (2), 10-05 (2), 12-04 (1), 12-08 (4), 14-10 (2), 16-09 (2), 17-03 (1), 18-08 (1)
caballos	12-01 (3), 19-05 (1)
cabe	13-09 (4), 17-05 (1)
cabeza	11-04 (2), 13-01 (3), 13-02 (7), 14-04 (1), 14-09 (2), 15-08 (1), 18-04 (1)
cabezas	13-01 (1)
cable	18-02 (1)
cables	19-04 (1)
cacerola	10-06 (2), 19-03 (1)
cactus	18-09 (1)
cada	17-08 (1)
cadena	19-06 (1)
cadera	11-06 (1)
cae	10-05 (1), 11-01 (1)
caemos	17-07 (1)
caen	14-01 (1)
caer	10-05 (2), 16-09 (3)
café	9-06 (2), 9-07 (2), 11-10 (2), 13-04 (1), 14-02 (3), 17-01 (1), 17-04 (1), 18-10 (1)
cafetera	18-02 (1), 19-09 (1)
cafetería	13-04 (2), 18-01 (1)
caído	10-05 (1), 12-09 (1), 14-10 (2)
caiga	16-09 (2)
caigo	17-07 (1)
caja	9-06 (4), 9-09 (6), 10-09 (4),

	12-02 (3), 13-02 (1), 13-05 (5), 14-10 (4), 19-06 (1), 19-09 (1)
cajas	11-01 (1), 13-02 (1)
cajera	12-03 (1), 13-05 (6)
cajero	17-06 (1)
cajón	19-03 (1), 19-09 (1)
calabazas	19-07 (1)
calcetines	10-04 (4), 18-06 (1)
calculadora	15-08 (1)
cálculo	19-09 (1), 19-10 (1)
calendario	14-08 (1), 19-09 (1)
calentarme	17-03 (1)
calentarse	12-09 (1)
calienta	10-06 (1)
caliente	9-04 (1), 12-01 (3), 12-06 (1), 16-10 (1), 18-10 (1), 19-08 (1)
calientes	12-01 (1)
calor	12-08 (1), 14-10 (2), 16-01 (2), 16-10 (1), 17-04 (1), 17-05 (1)
caluroso	17-03 (1)
cállate	12-06 (1)
calle	10-02 (1), 17-04 (1)
callejero	17-08 (1)
cama	9-02 (3), 12-06 (4), 14-05 (1), 17-02 (1), 17-03 (1), 17-10 (1), 18-03 (1)
cámara	14-03 (2), 17-01 (2), 17-02 (1)
camarera	11-01 (1), 16-02 (1)
camarero	16-02 (5), 19-04 (1)
cambiar	12-03 (5), 17-08 (1)
cambio	13-07 (1), 13-10 (2), 19-01 (1)
cambios	17-10 (1)
camina	12-01 (4), 16-03 (1)
caminando	11-06 (1)
caminar	13-02 (2)
caminata	17-06 (1)
camine	11-07 (3)
camino	18-03 (1)
camión	11-07 (1), 14-03 (2), 19-08 (2)
camionero	19-04 (1)
camisa	9-02 (2), 9-06 (2), 9-07 (1), 9-08 (2), 10-04 (9), 10-07 (2), 11-09 (1), 11-10 (2), 13-03 (1), 13-09 (5)
camiseta	9-06 (6), 13-03 (3), 13-06 (8), 18-06 (1)
camisetas	9-06 (5)
camisón	10-07 (1)
campana	12-05 (1)
campanas	12-05 (1)
campo	16-10 (2), 17-07 (1), 17-10 (1), 18-01 (1)
Canadá	18-07 (1)

canal	16-07 (4), 19-02 (1)	carro	9-02 (6), 10-09 (8), 11-05 (2),
canasta	10-04 (3)		11-07 (8), 12-06 (1), 12-09 (6),
cancelaron	17-09 (1)		13-01 (2), 13-03 (8), 13-05 (2),
cancha	18-01 (2)		13-07 (4), 13-08 (1), 14-03 (4),
candado	18-01 (1)		15-06 (2), 16-05 (2), 16-09 (1),
canibalismo	17-09 (1)		16-10 (20), 17-04 (1), 17-05 (2),
canicas	13-01 (2), 13-09 (10)		17-09 (1), 19-01 (1), 19-08 (3)
canoa	16-10 (2), 17-08 (1), 19-08 (1)	carros	11-07 (9), 14-06 (1), 16-10 (11),
canoas	16-10 (1)		17-03 (1), 19-05 (1)
cansada	15-01 (1)	carruaje	19-08 (1)
cansado	14-04 (1), 15-01 (1)	carta	9-09 (1), 10-01 (5), 13-08 (2),
cansados	15-01 (1)		16-05 (1), 19-09 (1)
cantando	12-04 (2)	cartera	11-01 (3)
cantidad	9-01 (1), 17-05 (1)	cartero	16-05 (2), 19-04 (1)
cantidades	9-01 (1)	casa	11-05 (11), 12-08 (1), 13-04 (6),
cañones	16-04 (1)		13-07 (3), 14-05 (2), 15-10 (2),
capa	17-05 (1)		16-01 (1), 16-03 (1), 16-10 (1),
capó	13-07 (1), 19-01 (1)		17-05 (1), 17-06 (1), 17-09 (2),
capturado	16-05 (1)		17-10 (1), 18-05 (1)
capturaste	17-02 (1)	casada	11-08 (4), 16-03 (1)
capturé	17-06 (1)	casadas	11-08 (2)
capturó	16-05 (1)	casados	11-08 (1), 16-03 (1)
cara	9-03 (2), 10-01 (4), 10-07 (2),	casar	16-03 (2)
	12-04 (3), 12-09 (2), 13-01 (3),	casaré	16-03 (1)
	13-03 (1), 13-06 (2), 15-01 (2),	casarse	11-08 (1), 16-03 (1)
	18-04 (1)	casarte	16-03 (1)
cárcel	16-05 (2), 17-09 (1), 18-05 (1)	casas	14-03 (2), 14-06 (2), 18-05 (1)
carga	12-01 (3), 17-10 (1)	casaste	17-07 (1)
cárgame	9-07 (1)	cascos	14-09 (2)
cargando	10-03 (1)	casete	18-02 (1)
cargar	9-10 (4)	casi	11-07 (1), 14-10 (4), 17-01 (1),
cariño	17-04 (1), 17-05 (1), 17-07 (1),		17-02 (1), 17-05 (1)
	17-08 (1), 17-10 (1)	castillo	14-09 (1), 16-04 (1), 16-10 (1),
Carla	12-03 (2)		18-05 (1)
Carlos	10-02 (1), 11-01 (1), 15-04 (1),	catedral	12-08 (1), 16-04 (1), 18-05 (1)
	17-02 (1), 17-06 (1), 17-10 (1)	católica	16-08 (1)
Carmen	9-04 (1), 10-10 (3), 15-01 (2),	causar	17-03 (1)
	17-04 (1)	cayó	11-02 (1), 16-09 (1), 17-04 (1)
carne	12-10 (2), 13-05 (1), 18-10 (1)	cebollas	10-06 (1), 13-05 (1), 19-07 (1)
carnicero	19-03 (1)	ceja	18-04 (1)
carnívoro	12-10 (1)	celosa	15-01 (1)
caro	13-03 (1), 17-03 (1)	celular	18-02 (1), 19-09 (1)
Carolina	15-10 (2)	cena	9-02 (2), 16-01 (1), 16-03 (1),
carpa	18-05 (2)		16-06 (1), 17-09 (1)
carpeta	9-09 (1), 19-09 (2)	cenicero	19-01 (1)
carpintero	13-08 (1), 19-06 (1)	centígrado	12-08 (1)
carrera	11-10 (2), 14-01 (6), 15-10 (2),	centígrados	10-09 (2), 12-08 (1), 14-08 (1)
	19-05 (3)	centímetros	9-01 (1), 9-09 (2), 10-08 (4),
carretera	12-02 (4), 12-03 (2), 16-05 (3),		14-08 (1), 17-04 (1), 17-05 (1)
	17-05 (1), 18-05 (1)	central	15-04 (1)
carretilla	13-05 (7), 19-06 (1)	cepilla	10-05 (2), 10-07 (1), 13-07 (2)
carretillas	13-05 (1)	cepillarse	10-07 (1)

cepillo	10-07 (2), 13-07 (3), 19-06 (1)	clase	15-05 (1), 17-06 (1), 18-01 (7)
cerca	13-01 (1), 13-02 (2), 14-07 (4), 15-06 (8), 17-02 (1), 17-08 (1)	clavados	19-05 (1)
		clavos	19-06 (1)
cercana	17-07 (1)	clienta	13-05 (3)
cercano	14-03 (1)	cliente	11-01 (3), 13-05 (1), 17-10 (1)
cerdo	18-08 (1)	clientes	13-05 (1)
cereal	18-10 (1)	cobrar	12-03 (1)
cerebro	18-04 (1)	cocina	12-04 (1), 13-08 (2), 18-03 (1), 19-03 (1)
cerezas	19-07 (1)		
cero	10-09 (1)	cocinado	17-09 (1)
cerrada	11-05 (2), 15-06 (1), 17-05 (1)	cocínala	17-03 (1)
cerrados	14-01 (1)	cocinando	10-06 (2)
cerradura	13-09 (2)	cocodrilo	18-08 (1)
cerrar	11-10 (2), 17-07 (1)	cocos	19-07 (1)
césped	19-06 (1)	cochecito	19-08 (1)
ciclista	13-06 (2)	codo	18-04 (1)
ciclistas	13-06 (2)	cohete	9-07 (1), 11-08 (2), 12-05 (2), 14-02 (2), 19-08 (1)
cielo	13-06 (3), 17-04 (1), 17-07 (1), 17-09 (1)		
		cola	10-03 (4)
cien	10-09 (1)	colas	17-10 (1)
científica	16-08 (1)	colgado	11-02 (1)
científico	16-08 (3), 19-04 (1)	colgando	9-09 (1)
ciento	14-07 (2)	colgar	10-04 (3)
cierra	9-09 (1), 10-01 (3), 10-04 (2), 10-05 (1), 11-05 (5), 13-07 (6), 16-06 (1)	colgará	11-02 (1)
		coliflores	19-07 (1)
		colina	16-10 (1)
cigarrillos	19-01 (1)	colinas	17-02 (1)
cinco	10-09 (1), 12-03 (1), 16-01 (1), 16-06 (3), 16-09 (1), 17-01 (1), 17-04 (2)	Colombia	18-07 (1)
		color	9-01 (2), 9-03 (4), 12-01 (2), 13-01 (1), 16-10 (1)
cine	18-05 (1)	coloreado	14-07 (5), 15-09 (8)
cinta	9-09 (1), 11-01 (3), 19-06 (1), 19-09 (1)	coloreados	14-07 (1)
		colores	9-01 (2)
cinturón	13-02 (2), 13-10 (2), 18-06 (1), 19-01 (1)	colorete	10-07 (1), 13-07 (1), 13-10 (2)
		columpios	18-01 (1)
cinturones	17-01 (1)	collar	14-04 (1), 18-06 (1)
circo	17-04 (1), 18-05 (1)	combinación	18-06 (1)
círculo	14-07 (8), 15-09 (4), 19-02 (1), 19-10 (1)	come	10-01 (1), 10-06 (5), 12-01 (3), 12-09 (1), 12-10 (4), 13-04 (9), 14-05 (3)
cirugía	11-03 (1)		
cirujano	19-04 (1)	comedor	18-03 (1)
cisne	18-08 (1)	comen	10-06 (1), 12-01 (1), 13-04 (4), 16-03 (3), 17-01 (1)
cita	17-06 (1)		
ciudad	10-08 (1), 12-08 (2), 16-08 (1), 16-10 (2), 17-04 (1)	comenzado	17-05 (1)
		comenzando	11-07 (1), 11-10 (2)
ciudadano	15-04 (4)	comer	9-08 (3), 10-06 (2), 11-02 (2), 12-09 (2), 13-04 (1), 14-05 (11), 17-07 (1)
ciudades	10-08 (1)		
civil	14-09 (2)		
civilización	14-03 (2)	comercial	19-09 (1)
clara	10-02 (2), 11-09 (2), 17-06 (1)	comería	12-09 (1), 14-05 (1)
claro	10-10 (1), 11-01 (2), 11-07 (1), 12-03 (3), 17-01 (1), 17-04 (1), 17-05 (1)	comerla	14-05 (1)
		cometer	17-08 (1)

comida	9-07 (1), 10-01 (6), 10-06 (10), 12-09 (4), 13-03 (2), 13-04 (10), 17-01 (1), 17-05 (1)
comido	11-02 (1), 14-10 (2), 17-03 (1)
comiendo	9-05 (1), 10-06 (1), 11-02 (1), 12-08 (1), 14-10 (4), 17-02 (1), 17-09 (1)
comienza	16-06 (2)
comienzo	11-10 (2)
cómo	9-02 (6), 10-02 (4), 10-10 (1), 13-05 (2), 13-06 (2), 14-03 (4), 15-01 (4), 15-07 (1), 16-01 (2), 16-04 (2), 17-01 (1), 17-03 (2), 17-04 (2), 17-05 (1), 17-06 (2), 17-07 (3), 17-08 (1), 17-09 (5), 17-10 (6)
cómoda	18-03 (1)
compacto	18-02 (1)
compañeros	17-07 (1)
comparado	17-02 (1)
completa	14-07 (2)
completamente	17-07 (1)
compositor	16-08 (1)
compra	13-03 (2)
comprando	13-03 (4), 13-04 (1)
comprar	9-07 (1), 9-08 (1), 10-03 (1), 13-04 (6), 13-10 (2)
compras	13-05 (1), 16-03 (1)
comprensivo	17-07 (1)
compró	13-07 (1)
computadora	9-09 (3), 14-05 (2), 15-08 (1), 18-02 (1)
computadoras	14-06 (1), 19-04 (1)
común	9-03 (29), 14-03 (2)
con	9-01 (1), 9-04 (1), 9-07 (1), 9-08 (1), 9-09 (2), 9-10 (1), 10-01 (2), 10-10 (1), 11-01 (1), 11-02 (6), 11-05 (2), 11-06 (3), 12-03 (3), 12-04 (2), 12-09 (1), 13-02 (5), 13-05 (1), 13-06 (2), 13-07 (5), 14-02 (4), 14-06 (4), 14-08 (1), 14-09 (2), 15-03 (5), 15-06 (3), 15-08 (5), 15-09 (3), 16-05 (1), 16-08 (2), 16-10 (1), 17-02 (1), 17-04 (1), 17-05 (2), 17-06 (3), 17-07 (1), 17-08 (1), 17-09 (3), 17-10 (5), 19-05 (1), 19-08 (1)
concierto	11-03 (1)
conciertos	17-03 (1)
conductor	10-03 (1), 11-07 (2)
conductora	10-03 (1)
conejo	17-05 (1)
confunda	17-09 (1)
confundido	15-01 (2)
confundidos	17-10 (1)
confundirlo	17-08 (1)
congelada	13-05 (1)
congelador	19-03 (1)
Congo	18-07 (1)
conmigo	16-03 (1), 17-10 (1)
conoce	16-03 (2)
conoces	10-10 (1)
construcción	19-04 (1)
construida	14-09 (1), 16-04 (6)
construido	14-09 (1), 16-04 (1)
construye	13-02 (1), 16-04 (1)
construyen	13-02 (3)
construyera	16-07 (2)
construyó	16-07 (2)
consultorio	14-08 (2)
contaba	17-03 (1)
contagioso	17-02 (1), 17-03 (1)
contando	13-02 (2)
contaré	17-10 (1)
contenerla	13-09 (1)
contenta	17-01 (1)
contesta	9-09 (1)
contestar	9-09 (1)
contesto	17-07 (1)
contigo	16-03 (1)
continente	16-07 (3), 19-02 (1)
contra	15-06 (1), 16-05 (1)
control	13-08 (2), 18-02 (1)
convenció	17-04 (1)
convertible	19-08 (1)
convertibles	16-10 (1)
copa	19-03 (1)
copia	9-09 (1)
copiadora	9-09 (1), 17-04 (1), 19-09 (1)
corazón	14-08 (2), 18-04 (1)
corbata	11-03 (1), 13-02 (2), 17-05 (1), 18-06 (1)
cordones	11-03 (1), 11-05 (2), 13-10 (2)
Corea	18-07 (2)
coreana	15-04 (1)
coreano	13-06 (1)
Corea del Norte	18-07 (1)
Corea del Sur	18-07 (1)
correcta	11-10 (4), 13-09 (2), 14-07 (1), 17-04 (1), 17-05 (1)
correctamente	10-04 (1)
correcto	16-06 (1), 17-05 (1)
corredor	17-02 (1), 18-01 (1)
correr	14-05 (1), 19-05 (1)

corrido	14-05 (1)	cualquier	16-07 (1), 16-10 (1), 17-08 (1)
corta	10-01 (1), 10-05 (2), 10-06 (1),	cualquiera	17-08 (1)
	10-07 (1), 10-08 (2), 11-02 (1),	cuando	9-07 (1), 9-10 (1), 11-05 (4),
	12-07 (2), 15-06 (1), 15-09 (1)		12-05 (2), 12-11 (2), 14-05 (2),
cortado	11-02 (2)		15-08 (8), 16-01 (5), 17-01 (1),
cortadora	19-06 (1)		17-03 (1), 17-05 (1), 17-06 (1),
cortando	11-08 (2), 12-07 (1), 13-04 (2)		17-08 (3)
cortar	11-08 (8), 15-06 (2), 17-05 (1),	cuándo	17-07 (1), 17-08 (1)
	19-03 (1)	cuántas	13-01 (3), 13-06 (6), 17-04 (1)
cortará	11-02 (3)	cuánto	12-03 (1), 13-03 (8), 15-08 (5),
cortarte	17-09 (1)		17-03 (1), 17-06 (1), 17-09 (2),
cortés	17-07 (1)		17-10 (1)
corteza	18-09 (1)	cuántos	12-08 (2), 13-06 (6)
cortinas	13-07 (1), 18-03 (1)	cuarenta	10-09 (1), 17-10 (1)
corto	10-08 (2), 11-08 (2)	cuarto	10-03 (1), 12-06 (1), 14-07 (2),
cortos	13-09 (2), 17-05 (1), 18-06 (1)		16-06 (2)
cosa	17-02 (1), 17-03 (1), 17-09 (1),	cuatro	10-09 (1), 12-03 (1), 14-10 (2),
	17-10 (1)		16-01 (1), 16-06 (2), 16-09 (2),
cosas	9-07 (1), 12-02 (1), 17-01 (1),		17-01 (1), 17-04 (1), 17-09 (1)
	17-05 (1), 17-07 (2), 17-08 (1)	cubierta	13-01 (1)
cose	10-04 (1)	cubierto	13-01 (1), 16-10 (1)
coser	19-06 (1)	cubiertos	19-03 (1)
cosiendo	10-07 (1)	cubo	19-10 (1)
costa	15-09 (8)	cuclillas	11-06 (3)
costas	15-09 (1)	cuchara	10-06 (1), 19-03 (2)
creada	16-09 (2)	cucharas	19-03 (1)
crecer	17-01 (1), 17-06 (1), 17-09 (1)	cuchilla	10-07 (2)
crédito	12-03 (3)	cuchillo	10-06 (1), 11-09 (2), 14-02 (2),
creerás	17-08 (1)		17-09 (1), 19-03 (4)
creerlo	17-05 (1)	cuelga	9-09 (1), 10-01 (1), 15-03 (2)
crees	17-10 (1)	cuello	18-04 (1), 18-06 (1)
creí	17-05 (1)	cuenta	13-02 (2), 16-02 (4), 17-01 (1),
crema	18-10 (1)		17-04 (1), 17-05 (2), 17-07 (1)
cremallera	11-03 (2), 11-05 (3)	cuentakilómetros	10-08 (2), 19-01 (1)
creo	12-03 (3), 17-01 (1), 17-02 (1),	cuentas	17-10 (1)
	17-03 (1), 17-06 (4), 17-07 (1),	cuéntenos	17-04 (1)
	17-10 (1)	cuero	14-06 (2)
críticos	17-08 (1)	cuesta	12-03 (2), 13-03 (20), 17-10 (1)
cronómetro	10-09 (2)	cuidado	9-04 (3), 11-07 (1), 12-06 (7),
crucé	17-08 (1)		17-04 (1), 17-09 (1)
cruza	11-04 (1)	culebra	17-08 (1), 18-08 (1)
cruzadas	11-04 (1)	culebras	12-10 (1)
cruzados	11-04 (2), 11-06 (1)	cumpleaños	10-02 (2), 17-05 (1)
cruzar	17-03 (1)	curva	11-07 (1)
cuaderno	9-02 (1), 15-05 (3), 18-01 (1),	champú	13-07 (1)
	19-09 (1)	chaqueta	9-06 (4), 11-03 (1), 12-06 (1),
cuadrada	19-10 (1)		17-02 (1), 18-06 (1)
cuadrado	14-07 (2), 15-09 (2), 19-10 (1)	chefs	19-04 (1)
cuadro	12-09 (2)	cheque	9-09 (1), 12-03 (5), 13-05 (3)
cuál	10-02 (2), 12-08 (2), 14-08 (1),	chequea	13-07 (2), 14-08 (1)
	16-10 (8), 17-08 (2)	chequearle	14-08 (2)
cuáles	16-10 (1)	chiles	14-02 (1)

chimenea	18-03 (2)	decirle	17-08 (1)
China	12-08 (1), 15-04 (1), 16-04 (2),	decirte	17-03 (1), 17-08 (1), 17-09 (1)
	18-07 (1), 19-02 (1)	dedal	19-06 (1)
China Meridional	19-02 (1)	dedo	9-08 (1), 17-02 (1), 18-04 (2)
chino	13-06 (1), 15-04 (1), 16-07 (1)	dedos	13-02 (1), 14-08 (1)
choca	10-10 (1), 11-01 (1), 17-09 (1)	definitivamente	17-02 (1)
chocado	16-10 (2)	deja	16-02 (1), 17-09 (1)
chorizos	17-03 (1)	déjame	17-07 (1)
chupa	12-07 (2)	dejan	17-07 (1)
chupando	12-07 (5)	dejar	17-10 (1)
chupete	12-07 (1)	deje	17-09 (1)
da	9-06 (5), 9-07 (2), 10-10 (1),	dejé	17-08 (1), 17-09 (1)
	11-04 (1), 12-07 (2), 13-05 (3),	dejó	11-08 (5), 17-05 (1)
	14-08 (3), 15-03 (5), 17-03 (1)	del	9-01 (15), 9-09 (1), 10-01 (3),
dados	16-09 (2), 19-05 (1)		10-03 (1), 11-03 (1), 11-05 (8),
dale	17-05 (1)		11-06 (2), 11-09 (2), 12-03 (1),
damas	16-02 (2), 19-05 (1)		12-04 (1), 12-08 (3), 12-09 (2),
damos	9-06 (3), 9-07 (1)		13-01 (8), 13-05 (2), 13-07 (2),
dan	9-06 (3), 9-07 (1), 10-10 (1),		14-02 (2), 14-03 (8), 14-05 (1),
	17-09 (1)		14-07 (14), 14-08 (1), 14-10 (4),
dando	11-04 (1), 11-06 (1)		15-02 (4), 15-03 (1), 15-06 (10),
Daniel	9-04 (1), 10-10 (1), 17-09 (1)		15-07 (2), 15-09 (4), 16-03 (4),
dar	9-02 (1), 11-08 (2), 17-01 (1)		16-04 (3), 16-05 (2), 16-06 (5),
dardos	19-05 (1)		16-07 (4), 16-10 (1), 17-02 (2),
darle	9-07 (2), 11-08 (2)		17-05 (2), 17-06 (1), 17-08 (2),
darme	12-03 (1)		17-09 (1), 17-10 (2), 18-07 (2),
darte	17-04 (1)		19-01 (5), 19-02 (2)
das	9-06 (4), 17-07 (1)	delante	11-06 (1), 15-06 (2)
dátiles	19-07 (1)	delanteros	19-01 (1)
David	10-02 (1)	deletrea	9-02 (4)
de	9-01 (35), 9-02 (8), 9-03 (22),	deliciosos	17-07 (1)
	9-05 (1), 9-06 (1), 9-08 (12), 9-09 (4),	demasiada	13-09 (1)
	9-10 (4), 10-01 (3), 10-02 (5)…	demasiado	11-05 (1), 13-06 (1), 13-09 (11),
debajo	9-08 (6), 9-09 (1), 12-08 (1),		16-10 (6), 17-05 (2), 17-06 (2),
	13-01 (1), 13-02 (1), 15-06 (1),		17-10 (1)
	17-06 (1), 17-07 (1), 17-10 (1)	dense	12-06 (1)
debe	9-02 (1), 9-08 (1), 12-01 (1),	dental	10-07 (1), 13-07 (1)
	14-05 (3), 16-06 (3), 17-01 (2),	dentista	14-04 (2), 17-07 (1), 19-04 (1)
	17-05 (1), 17-08 (1)	dentro	17-04 (1)
debemos	9-02 (3), 12-03 (3), 15-10 (1),	departamento	17-02 (1)
	17-07 (1)	deportes	11-03 (1), 16-10 (1)
deben	17-09 (1)	deportivos	16-10 (2), 18-06 (1)
debería	14-05 (9), 17-05 (1), 17-09 (1)	depositar	12-03 (1)
debes	14-05 (1)	derecha	10-08 (2), 11-06 (2), 11-07 (1),
debido	14-10 (5)		12-02 (1), 15-09 (1)
debo	9-02 (1)	derechas	11-04 (1)
década	10-09 (1)	derecho	11-09 (1)
décadas	10-09 (2)	derechos	11-04 (1)
decide	9-08 (2)	derramado	10-06 (1), 11-02 (1), 11-09 (1)
decidido	17-10 (1)	derramé	11-09 (1)
decir	9-04 (1), 10-10 (1), 11-07 (1),	derretido	11-09 (2)
	12-03 (3), 17-06 (2), 17-09 (1)	desafilado	14-02 (2)

dominó	14-05 (1), 19-05 (1)	efectiva	17-07 (1)
dónde	9-02 (6), 9-04 (1), 11-01 (1),	efectivo	12-03 (3)
	11-07 (1), 12-03 (5), 12-08 (4),	egipcia	15-04 (1)
	13-08 (1), 14-01 (2), 15-10 (1),	Egipto	16-04 (2), 16-08 (1), 18-07 (1)
	16-02 (2), 16-10 (3), 17-02 (1),	ejército	14-09 (3)
	17-06 (1)	el	9-01 (2), 9-03 (8), 9-04 (1), 9-05 (9),
Doris	10-10 (2)		9-07 (7), 9-08 (38), 9-09 (9),
dormida	14-10 (2)		9-10 (14), 9-11 (13), 10-01 (12)…
dormido	17-05 (1)	él	9-02 (2), 9-03 (4), 9-05 (7), 9-06 (9),
dormitorio	18-03 (1)		9-07 (4), 9-08 (4), 9-10 (3), 9-11 (5),
dos	9-01 (4), 9-06 (1), 10-08 (2),		10-04 (4), 10-06 (3), 10-07 (5)…
	10-09 (9), 11-01 (1), 12-03 (1),	elásticos	19-09 (1)
	12-06 (1), 13-06 (3), 13-08 (1),	eléctrica	18-02 (2), 19-06 (1)
	14-07 (3), 15-06 (2), 15-07 (2),	eléctrico	18-02 (1), 19-06 (1)
	15-09 (2), 16-02 (1), 16-03 (2),	elefante	9-05 (4)
	16-06 (8), 17-01 (1), 17-03 (1),	Elena	10-01 (6), 11-05 (4), 17-04 (1),
	17-04 (1), 17-05 (1), 17-08 (1),		17-09 (1)
	17-10 (1), 18-05 (1)	elfo	18-08 (1)
doy	9-06 (5)	elija	16-09 (2)
dragón	18-08 (1)	ella	9-02 (6), 9-05 (8), 9-06 (9), 9-07 (8),
dramaturgo	16-08 (1)		9-08 (5), 9-09 (25), 9-10 (6),
ducha	10-07 (2), 18-03 (1)		10-06 (11), 10-07 (7), 11-01 (3),
ducharse	17-03 (1)		11-02 (8), 11-03 (6), 11-04 (12),
dudo	17-08 (1)		11-05 (6), 11-06 (2), 11-08 (2),
duele	12-06 (1), 14-04 (6)		11-09 (2), 11-10 (2), 12-05 (2),
dueña	13-03 (2)		12-07 (21), 12-08 (4), 12-09 (18),
dueño	13-03 (2), 17-06 (1), 17-10 (1)		13-02 (8), 13-04 (14), 13-05 (18),
duerme	16-01 (1), 17-08 (1)		13-07 (22), 13-08 (4), 13-10 (10),
duérmete	12-06 (1)		14-01 (4), 14-04 (3), 14-05 (29),
dulce	9-08 (4), 14-02 (2)		14-10 (8), 15-01 (14), 15-03 (10),
dulces	13-04 (1), 17-03 (1), 18-10 (1)		15-04 (1), 15-05 (4), 15-06 (5),
durante	15-06 (1), 17-10 (1)		15-10 (6), 16-09 (6), 17-03 (2),
duraznos	19-07 (1)		17-10 (2)
durmiendo	9-02 (1), 9-05 (3)	ellas	9-06 (2), 10-06 (4), 11-06 (2),
durmiera	17-06 (1)		13-02 (1), 15-10 (2), 16-03 (2)
duro	14-02 (4), 15-05 (2), 17-09 (1)	ellos	9-06 (9), 9-07 (3), 11-04 (3),
ecuación	19-10 (1)		11-08 (1), 12-04 (2), 12-07 (2),
ecuador	19-02 (1)		13-02 (7), 13-10 (2), 14-10 (2),
echa	10-06 (3), 11-02 (1), 12-04 (4),		15-01 (2), 15-05 (2), 16-03 (4),
	13-07 (1)		16-09 (3), 16-10 (2), 17-06 (2),
echado	11-02 (1)		17-07 (1), 17-09 (1)
echan	14-01 (1)	embargo	17-01 (1), 17-06 (1)
echar	14-05 (2)	embrague	19-01 (1)
echará	11-02 (2)	empaca	11-02 (1)
echaron	14-01 (1)	empacado	11-02 (1)
edad	9-01 (3), 17-10 (1)	empacar	13-07 (1)
edades	9-01 (3)	empanadas	17-03 (1)
Edgar	10-10 (5), 17-05 (1)	empareja	10-04 (1)
edificio	9-03 (2), 11-05 (4), 11-08 (4),	emperador	16-08 (2)
	12-08 (4), 12-09 (2), 14-03 (2),	empezado	10-06 (1), 11-10 (1)
	15-04 (2), 18-05 (4)	empezando	11-10 (1)
Eduardo	10-02 (3), 17-03 (1)	empezaremos	17-08 (1)

empieza	11-01 (1), 17-08 (1)	entonces	17-03 (1), 17-07 (1)
empiezan	17-08 (1)	entra	9-04 (1), 10-01 (1), 11-01 (1),
empuja	13-05 (1), 15-06 (2)		11-05 (3), 12-03 (1), 14-08 (1),
empujan	15-06 (2)		15-10 (1)
en	9-01 (10), 9-02 (5), 9-03 (8),	entrada	18-03 (1)
	9-05 (12), 9-06 (4), 9-08 (1), 9-09 (8),	entramos	9-06 (1)
	10-01 (6), 10-03 (3), 10-04 (12)…	entran	9-06 (1)
enamorada	16-03 (1)	entrar	12-01 (1), 12-06 (1), 15-10 (2),
enamoradas	16-03 (2)		17-10 (1)
encanta	16-03 (2)	entraría	17-08 (1)
encantará	17-09 (1)	entras	9-06 (1)
encendedor	19-01 (1)	entre	9-04 (2), 10-02 (1), 10-08 (13),
encima	11-06 (1), 13-02 (1), 14-05 (1),		10-09 (4), 12-03 (2), 14-07 (10),
	15-06 (3)		15-06 (1), 15-08 (2), 16-01 (4),
encontrado	13-10 (4), 14-01 (4), 17-06 (1)		16-04 (4), 17-03 (1)
encontrar	17-02 (1), 17-05 (1)	entren	9-04 (1), 17-04 (2)
encontráramos	17-10 (1)	entro	9-06 (1), 15-10 (1)
encontraste	17-07 (1), 17-09 (1)	equilibrio	13-02 (8)
encontré	11-01 (1), 17-01 (1), 17-03 (1),	equipaje	10-03 (4)
	17-09 (1)	equivocado	17-02 (1), 17-07 (1),
encontremos	17-01 (1)		17-10 (1)
encontró	17-03 (1)	equivocó	17-09 (1)
encuentra	11-01 (1), 14-01 (1), 16-03 (1),	era	9-03 (1), 14-03 (3), 16-07 (7),
	16-04 (2)		17-04 (1), 17-05 (1), 17-07 (1),
encuentran	16-04 (2)		17-08 (1), 17-10 (1)
enchufa	15-03 (1)	eran	17-08 (1), 17-10 (1)
energía	17-10 (1)	eres	9-06 (2), 17-04 (2), 17-05 (1),
enero	15-02 (2), 15-07 (5)		17-08 (1)
enferma	9-02 (1), 14-04 (2), 17-09 (1)	error	17-08 (2)
enfermas	14-04 (1)	errores	17-05 (1)
enfermedad	17-03 (1), 17-10 (1)	es	9-01 (3), 9-02 (24), 9-03 (28),
enfermera	14-04 (1), 14-08 (17), 17-01 (1),		9-04 (3), 9-05 (4), 9-06 (1), 9-07 (5),
	19-04 (1)		10-02 (9), 10-03 (10), 10-08 (12)…
enfermo	14-04 (1), 17-08 (1)	esa	10-02 (1), 12-06 (1), 12-08 (2),
enjabona	10-01 (1)		13-06 (1), 17-01 (1), 17-02 (1),
enjuaga	10-01 (1), 10-06 (1), 15-03 (1)		17-03 (1), 17-08 (1), 17-09 (2),
enlatada	13-05 (1)		17-10 (1)
enlazados	11-04 (1)	ésa	12-03 (1), 13-06 (2), 17-01 (1)
enojada	15-01 (1), 17-07 (1)	esas	16-10 (1), 17-10 (1)
enojado	11-08 (1), 15-01 (2)	escalada	19-05 (1)
enojados	15-01 (1)	escale	11-07 (1)
Enrique	9-04 (1)	escalera	9-07 (2), 12-09 (2), 18-03 (1),
ensalada	9-04 (1), 14-05 (4), 14-10 (2),		19-06 (1)
	16-02 (2), 17-03 (1), 18-10 (1)	escaleras	11-10 (2), 14-01 (2)
ensaladas	18-10 (1)	escape	17-02 (1)
enseña	15-05 (2)	escoba	10-07 (2)
enseñando	15-05 (3)	escoge	9-08 (2), 13-05 (1)
entendí	13-06 (4)	escoger	9-08 (5)
entero	13-01 (1), 19-10 (1)	escoges	9-02 (1)
entiende	12-02 (4)	escogiendo	9-08 (6)
entiendes	17-03 (1)	escojo	9-02 (1)
entiendo	17-07 (1)	escolar	18-01 (1)

94

esconde	9-08 (1)	esperamos	17-01 (1)
esconderse	17-10 (1)	esperando	10-03 (1), 11-10 (1), 17-03 (1), 17-09 (1)
escondida	14-01 (2)		
escondido	14-01 (2)	esperar	10-03 (1), 17-03 (1)
escondiéndose	13-01 (2)	espere	10-02 (1)
escopetas	14-09 (3)	espéreme	9-04 (1)
escribe	9-09 (2), 10-01 (2), 13-05 (1), 14-08 (1), 17-09 (1)	espero	17-06 (1)
		espina	18-09 (1)
escribiendo	15-04 (2), 15-05 (1), 15-08 (3)	esponja	10-06 (1), 15-03 (2)
escribió	15-08 (1), 16-08 (4)	esposa	16-03 (1)
escribir	12-09 (2), 18-02 (1)	esposas	16-05 (1)
escribirle	10-01 (1)	esposo	11-03 (2), 16-03 (1), 17-05 (1), 17-06 (1)
escribo	10-10 (1)		
escrita	12-08 (1)	esquí	19-05 (2)
escrito	15-04 (3), 15-07 (2)	esquiar	16-10 (1)
escritorio	9-09 (1), 11-09 (2), 18-01 (1), 19-09 (2)	esquís	17-10 (1)
		ésta	9-02 (1), 9-03 (10), 9-11 (2), 11-10 (10), 12-01 (2), 13-03 (2), 14-03 (8), 14-07 (4), 14-09 (2) 15-05 (2), 16-05 (2)
escritura	15-04 (8)		
escuadra	19-06 (1)		
escucha	14-08 (3)	está	9-02 (11), 9-03 (7), 9-04 (5), 9-05 (36), 9-06 (1), 9-08 (11), 9-09 (5), 9-10 (6), 9-11 (14), 10-02 (1)…
escuchando	13-10 (7)		
escúcheme	17-02 (1)		
escuela	15-05 (3), 17-08 (1), 17-09 (1), 18-01 (1)	esta	9-02 (2), 9-03 (2), 9-07 (1), 9-09 (1), 9-10 (3), 10-03 (6), 10-04 (6), 10-05 (4), 10-09 (4) 11-02 (2), 13-03 (9)…
escurre	15-03 (3)		
ese	11-08 (2), 12-06 (2), 13-06 (3), 16-10 (5), 17-02 (3), 17-04 (1), 17-06 (2), 17-08 (2), 17-09 (1)	estaba	9-02 (1), 17-01 (1), 17-04 (2), 17-06 (1), 17-08 (1), 17-10 (1)
		estabas	17-10 (1)
esfera	19-10 (1)	establo	17-10 (1)
esforzarte	17-08 (1)	estación	10-03 (2), 11-01 (2), 11-08 (1), 16-05 (1), 16-10 (5), 18-05 (2)
esgrima	19-05 (1)		
esmalte	10-07 (1)	estacionamiento	10-03 (1), 18-05 (1)
eso	9-02 (3), 9-03 (2), 9-04 (3), 10-02 (1), 10-10 (1), 13-06 (12), 14-05 (1), 16-10 (2), 17-06 (1), 17-10 (2)	estacionar	16-05 (4)
		estadio	18-05 (1)
		estado	16-03 (1), 16-10 (2), 17-02 (1), 17-03 (2), 17-08 (1), 17-09 (1)
esos	16-10 (1), 17-07 (1)		
espacial	11-08 (1)	Estados Unidos	15-04 (2), 16-04 (3), 16-07 (1), 18-07 (1)
espacio	9-07 (1), 11-03 (1), 16-04 (1)		
espadas	14-09 (2)	estallar	13-02 (1)
espalda	11-01 (1), 12-04 (1), 18-04 (1)	estamos	9-02 (1), 9-06 (1), 12-03 (1), 15-07 (3), 17-01 (1), 17-06 (1), 17-07 (1), 17-09 (1), 17-10 (1)
espaldas	13-01 (1)		
España	10-08 (1), 16-07 (3), 18-07 (1)		
español	13-06 (13), 15-04 (1), 16-07 (5)	estampilla	9-09 (2), 10-01 (3), 19-09 (1)
espátula	19-03 (1)	están	9-01 (4), 9-04 (1), 9-05 (14), 9-06 (1), 10-03 (5), 10-06 (8), 11-01 (1), 11-02 (1), 11-03 (10), 11-04 (4), 11-06 (8), 11-07 (5), 11-08 (3), 11-09 (2), 12-01 (3), 12-03 (1), 12-04 (3), 12-07 (2), 13-05 (1), 13-08 (2), 13-10 (2), 14-04 (1), 14-07 (1), 14-09 (10), 15-01 (2), 15-05 (3), 16-02 (1), 16-03 (4),
especial	11-03 (3)	
especialmente	16-10 (1)	
especie	9-01 (1)	
especies	9-01 (1), 16-08 (1)	
espejo	10-07 (1), 12-04 (2), 13-07 (1), 18-03 (1), 19-01 (1)	
espera	14-08 (1), 17-06 (1)	
espérame	9-04 (1)	

	17-03 (2), 17-06 (1), 17-08 (2), 17-10 (1)
estante	18-03 (1)
estantes	11-04 (4)
estar	11-07 (1), 16-06 (3), 17-01 (2), 17-05 (1), 17-07 (1), 17-08 (1)
estarán	17-08 (1)
estaré	17-01 (1), 17-10 (1)
estas	9-01 (16), 9-05 (4), 10-03 (4), 11-03 (15), 11-08 (1), 11-11 (2), 13-04 (3), 13-06 (4), 13-09 (3), 14-03 (2), 14-04 (3), 14-06 (4), 14-09 (8), 15-04 (5), 16-03 (3)
estás	9-04 (1), 9-05 (2), 9-06 (1), 9-11 (2), 10-02 (1), 10-10 (1), 10-11 (1), 14-04 (1), 15-01 (4), 17-03 (1), 17-07 (1), 17-10 (2)
éstas	9-04 (2), 12-01 (2), 16-05 (1)
este	9-02 (5), 9-03 (6), 9-05 (3), 9-10 (3), 9-11 (2), 10-03 (3), 10-08 (4), 10-09 (12), 10-11 (2), 11-01 (1), 11-02 (6), 11-03 (2), 11-07 (4), 11-08 (2), 11-10 (6), 11-11 (4), 12-01 (8), 12-02 (8), 12-03 (1), 12-05 (10), 12-06 (2), 12-10 (27), 12-11 (4), 13-01 (4), 13-03 (8), 13-06 (4), 13-09 (2), 13-10 (4), 14-02 (6), 14-03 (4), 14-04 (5), 14-06 (2), 14-07 (8), 14-09 (3), 14-11 (2), 15-01 (2), 15-04 (14), 15-05 (4), 15-06 (8), 15-08 (4), 15-09 (10), 15-11 (1), 16-02 (1), 16-03 (4), 16-04 (11), 16-05 (5), 16-06 (4), 16-07 (16), 16-08 (17), 16-09 (4), 16-10 (12), 16-11 (11), 17-04 (2), 17-08 (1)
esté	16-01 (1), 17-01 (1), 17-05 (1)
éste	9-02 (3), 9-03 (14), 9-11 (2), 12-01 (1), 13-03 (2), 13-04 (4), 13-05 (1), 14-03 (10), 15-05 (1), 15-07 (1), 16-03 (1), 16-04 (2), 16-05 (1), 16-06 (1), 16-07 (10), 16-10 (2), 16-11 (4), 17-04 (1), 17-06 (2), 17-10 (1)
Ester	17-06 (1)
estetoscopio	14-08 (1)
estimados	17-06 (1)
estirados	11-06 (1)
estirando	9-05 (1)
estirándose	11-06 (1)
esto	9-02 (8), 9-04 (8), 9-07 (9), 10-02 (1),

	10-03 (6), 10-08 (6), 10-09 (12), 11-10 (4), 12-01 (5), 12-03 (1), 12-06 (1), 13-03 (4), 14-02 (14), 14-03 (4), 14-06 (12), 14-09 (4), 15-07 (7), 15-10 (2), 16-01 (2), 16-03 (1), 16-06 (8), 16-07 (2), 16-09 (6), 17-05 (1), 17-06 (1), 17-07 (1), 17-09 (1), 17-10 (1)
estómago	14-04 (1), 18-04 (1)
estornudando	14-04 (1)
estos	9-01 (18), 9-07 (1), 10-03 (1), 10-04 (2), 10-08 (2), 10-09 (4), 10-11 (4), 11-02 (1), 11-03 (2), 12-01 (4), 13-01 (1), 13-04 (1), 13-06 (2), 14-06 (10), 14-09 (9), 15-04 (3), 15-05 (5), 15-08 (8), 15-11 (4), 16-04 (4), 16-07 (11), 16-09 (1), 16-10 (1), 16-11 (4), 17-03 (1)
éstos	10-03 (1), 12-01 (1), 12-03 (1), 12-08 (4), 17-01 (1), 17-08 (1)
estoy	9-05 (2), 9-09 (2), 10-02 (2), 12-03 (2), 13-06 (8), 14-01 (2), 14-04 (1), 15-01 (4), 15-10 (1), 16-01 (1), 17-01 (1), 17-03 (1), 17-07 (1), 17-09 (2), 17-10 (2)
estrecha	12-02 (1)
estrella	14-07 (2), 17-04 (1)
estructura	14-03 (2), 16-04 (16)
estudia	15-05 (2)
estudian	15-05 (1)
estudiando	15-05 (4), 17-07 (1)
estudiante	12-02 (3), 12-06 (2), 15-05 (12), 18-01 (1)
estudiantes	12-06 (1), 13-04 (1), 15-05 (5)
estudiar	9-03 (2)
estufa	10-06 (1), 15-03 (1), 18-02 (1), 19-03 (1)
estúpido	17-08 (1)
estuviera	12-09 (3), 17-03 (1)
estuvo	17-06 (1), 17-07 (1)
Europa	15-09 (2), 16-04 (1), 19-02 (1)
exactamente	13-09 (1), 14-10 (1)
examen	14-01 (4), 15-05 (5), 18-01 (1)
examina	14-08 (2)
excelente	17-06 (1), 17-09 (1)
excursiones	16-10 (1)
excusa	17-08 (1)
exhala	14-08 (1), 15-03 (2)
existe	16-04 (4)
experimento	15-05 (1)
explica	12-02 (2)

explorador	16-08 (1)
exponente	19-10 (1)
extinguido	9-03 (1)
extintor	19-09 (1)
extraños	17-07 (1)
fábrica	18-05 (1)
fácil	11-10 (3), 13-02 (2), 16-10 (1)
falda	12-01 (1), 18-06 (1)
falsificación	17-10 (1)
familia	17-07 (1), 17-09 (1), 17-10 (1)
farmacéutica	14-08 (2)
farmacia	18-05 (1)
faro	19-01 (1)
favor	9-04 (6), 9-07 (2), 9-10 (4), 10-02 (3), 10-10 (1), 11-01 (4), 12-03 (1), 12-06 (10), 13-06 (4), 13-08 (8), 16-02 (8), 17-02 (1), 17-03 (2), 17-04 (1), 17-05 (2), 17-08 (2), 17-10 (1)
favorita	16-10 (2)
fax	9-09 (1), 19-09 (1)
febrero	15-02 (1), 15-06 (3), 15-07 (3)
fecha	14-08 (1), 15-06 (4), 15-07 (8)
felicitaciones	17-10 (1)
feliz	10-02 (1), 11-08 (3), 15-01 (3), 17-01 (2), 17-07 (2), 17-10 (1)
femenino	9-01 (1)
feo	16-10 (1), 17-06 (1)
Fernando	15-01 (2), 17-06 (1), 17-08 (1)
fiebre	14-04 (4)
fiesta	15-02 (2), 17-09 (1), 17-10 (1)
fila	11-10 (4), 13-05 (1)
filas	13-05 (1)
filósofo	16-08 (3)
fin	15-02 (1), 17-04 (1), 17-06 (1), 17-08 (1)
final	11-10 (2), 17-09 (1)
finalmente	17-02 (1)
fines	16-04 (1)
Finlandia	18-07 (1)
firme	17-08 (1)
física	18-01 (1)
flauta	18-01 (1)
flecha	15-09 (20)
flor	13-06 (1), 14-02 (1)
flores	9-01 (2), 12-04 (1), 13-06 (2), 16-03 (1), 16-10 (1), 18-09 (1)
forma	9-01 (1), 9-03 (4), 16-07 (2)
formaban	16-07 (4)
formal	10-04 (2)
formalmente	11-03 (3)
forman	14-09 (1)

formas	9-01 (1)
fortaleza	12-08 (1)
foto	11-06 (2), 16-10 (1), 17-05 (1)
fotógrafo	19-04 (1)
fracasó	15-10 (2)
fracción	19-10 (1)
frambuesas	19-07 (1)
francamente	17-10 (2)
francés	13-06 (1), 15-04 (1), 16-07 (5)
Francia	10-08 (2), 12-08 (1), 15-04 (1), 16-05 (1), 16-07 (4), 18-07 (1)
frecuencia	17-06 (1)
frecuentemente	12-01 (5), 17-07 (1)
fregadero	10-06 (1)
freno	19-01 (2)
frenos	17-10 (1)
frente	11-04 (1), 18-04 (1)
fresas	19-07 (1)
fresca	11-09 (2), 13-05 (2)
frescas	13-05 (1)
fría	12-01 (1), 17-01 (1), 17-05 (1)
frías	12-01 (1)
fríe	13-04 (1)
friendo	10-06 (2)
frío	11-05 (1), 12-01 (3), 12-09 (1), 13-09 (4), 14-04 (1), 16-01 (2), 16-10 (1), 17-06 (1)
fríos	12-01 (1)
fritas	13-04 (1), 18-10 (2)
frota	11-04 (5)
fruta	9-08 (2), 13-03 (1), 13-05 (2), 14-05 (2), 18-10 (1)
fue	14-09 (2), 15-07 (7), 16-04 (7), 16-05 (1), 16-08 (20), 16-09 (2), 17-03 (1), 17-08 (2), 17-09 (1)
fuego	12-01 (1)
fuera	12-09 (1), 13-04 (2), 16-03 (1), 17-05 (1)
fuerte	12-05 (1), 14-02 (1)
fuertemente	12-05 (1)
fuertes	12-05 (1)
fuerza	14-09 (2), 17-02 (1)
fuerzas	14-09 (2)
fui	17-08 (1)
fuma	17-01 (1)
fumara	17-04 (1)
funciona	17-07 (1), 17-09 (1)
funcionan	17-10 (1)
funcionando	17-05 (1)
funicular	19-08 (1)
furgoneta	19-08 (1)
fútbol	18-01 (1), 19-05 (1)

futuro	14-03 (3)	gorro	16-01 (1)
galleta	14-05 (4)	gotas	14-08 (1), 17-10 (1)
galletas	18-10 (2)	gracias	10-02 (7), 10-10 (5), 11-01 (6),
gallo	18-08 (1)		12-03 (1), 17-04 (1), 17-05 (1),
ganado	14-01 (2)		17-08 (1), 17-10 (1)
ganando	13-01 (2)	gracioso	17-04 (1)
ganar	15-10 (2)	grado	12-08 (1)
ganas	17-07 (1)	grados	10-09 (2), 12-08 (1), 14-07 (4),
gancho	10-04 (1), 18-03 (1)		14-08 (1), 19-10 (3)
gané	14-01 (1), 17-09 (1)	gráfico	19-09 (1), 19-10 (1)
ganó	14-01 (4)	gran	15-04 (2), 16-05 (1), 16-07 (5),
garaje	18-03 (1)		16-10 (1), 18-07 (1)
garganta	14-04 (1), 14-08 (1)	grande	10-08 (2), 13-09 (1), 16-07 (1),
garrocha	19-05 (1)		16-10 (1), 17-05 (1), 17-06 (1),
gaseosa	9-08 (4), 11-01 (3), 13-03 (1),		17-07 (1), 17-09 (1), 17-10 (1)
	13-05 (1), 13-07 (1), 18-10 (1)	grandes	10-08 (2), 17-02 (1), 17-07 (1),
gaseosas	13-03 (1)		18-05 (1)
gasolina	11-07 (5), 13-07 (1), 13-10 (2),	granero	18-05 (1)
	19-01 (2)	granjero	19-04 (1)
gasolinera	11-07 (3), 13-04 (1), 13-07 (1),	grapa	9-09 (1)
	18-05 (1)	grapadora	19-09 (1)
gatito	17-09 (1)	grave	12-05 (3), 14-02 (1)
gato	17-01 (2), 17-08 (1), 18-08 (1),	Grecia	15-04 (1), 16-08 (1)
	19-06 (1)	griega	11-03 (1)
gatos	13-06 (2)	griego	13-06 (1)
general	16-08 (3)	grita	12-05 (1)
generalmente	9-03 (4)	gritando	9-02 (1), 12-05 (2), 14-02 (2)
género	9-01 (8)	grito	12-05 (1)
géneros	9-01 (1)	grosor	9-01 (1)
gente	9-02 (8), 9-07 (8), 12-01 (7),	grosores	9-01 (1)
	13-06 (5), 14-02 (4), 14-03 (2),	grupo	16-03 (1)
	15-04 (4), 16-01 (4), 16-06 (7),	guantera	19-01 (1)
	16-07 (9), 17-04 (1), 17-07 (1)	guantes	17-01 (1), 18-06 (1)
gentil	17-07 (1)	guau	17-02 (2)
geografía	18-01 (1)	guerra	14-09 (4), 16-08 (1)
geometría	19-10 (1)	guía	13-02 (3)
gimnasia	18-01 (1), 19-05 (1)	guiña	11-04 (1)
gimnasio	15-05 (1)	guisante	9-08 (6)
girando	17-03 (1)	guitarra	12-05 (3), 18-02 (1)
girar	15-03 (2), 16-05 (1)	guitarras	12-05 (1)
globo	19-08 (1)	gusta	9-02 (2), 9-08 (8), 13-05 (2),
globos	13-02 (2), 13-06 (3), 16-10 (1)		13-06 (2), 14-10 (4), 16-10 (35),
Gloria	17-03 (1)		17-06 (1), 17-09 (1)
gobernaba	16-07 (8)	gustaban	16-10 (1)
gobernó	16-07 (4), 16-08 (2)	gustan	9-08 (2), 16-10 (13)
golf	19-05 (1)	gustaría	9-04 (1), 11-01 (2), 12-03 (8),
Gómez	9-04 (1), 17-04 (1)		13-06 (2), 16-02 (7), 16-10 (6),
Gorbachev	13-01 (1), 15-04 (1)		17-01 (1)
gordo	18-04 (1)	gusto	9-04 (1), 10-02 (2), 10-10 (2)
gorila	18-08 (1)	ha	10-05 (9), 10-06 (1), 10-09 (4),
gorra	9-08 (7)		11-01 (1), 11-02 (9), 11-08 (5),
gorras	9-08 (1)		11-10 (3), 13-09 (2), 13-10 (7),

	14-01 (8), 14-10 (15), 15-07 (2), 16-03 (1), 16-04 (1), 17-01 (1), 17-03 (1), 17-06 (3), 17-09 (1), 17-10 (4)
haber	14-05 (3), 17-05 (1), 17-08 (1), 17-09 (1)
haberlo	17-09 (1)
había	17-06 (1)
habichuelas	19-07 (1)
habitación	17-02 (1)
habitantes	17-08 (1)
habla	12-05 (2), 13-06 (9), 15-04 (4), 16-07 (8), 17-08 (1)
hablan	13-06 (6), 15-05 (1), 15-06 (2)
hablando	9-05 (1), 9-09 (1), 16-05 (1), 17-06 (1)
hablar	9-10 (2), 12-09 (2), 12-10 (1), 13-06 (7), 13-10 (4), 15-10 (1), 17-05 (2)
hablé	17-10 (1)
hablo	17-06 (1)
habló	17-06 (1)
habría	12-09 (1), 16-10 (1)
hace	10-03 (1), 10-04 (2), 11-05 (1), 11-07 (1), 12-05 (12), 13-02 (1), 13-04 (1), 13-08 (4), 13-09 (4), 14-02 (4), 14-03 (3), 14-05 (4), 14-06 (2), 14-10 (2), 15-03 (4), 15-10 (1), 16-01 (8), 16-04 (6), 16-06 (2), 16-07 (1), 16-10 (2), 17-05 (2), 17-07 (1), 17-10 (1)
hacemos	17-01 (1), 17-02 (2), 17-05 (1)
hacen	10-03 (3), 10-04 (2), 14-06 (2), 15-05 (1)
hacer	10-10 (1), 12-05 (1), 14-05 (9), 14-06 (6), 15-01 (1), 15-10 (1), 16-09 (4), 16-10 (6), 17-02 (1), 17-06 (1), 17-07 (1), 17-10 (1)
hacerla	14-05 (1)
hacia	13-02 (2), 15-09 (16), 15-11 (4), 16-03 (1)
hacía	14-03 (2), 14-11 (2), 17-04 (1)
haciendo	14-02 (2), 14-05 (4), 15-01 (2), 15-08 (1), 17-03 (1)
hacha	19-06 (1)
hachuela	19-06 (1)
haga	17-02 (1), 17-10 (1)
hagamos	17-10 (1)
hagas	17-01 (1)
hago	17-01 (1), 17-06 (1)
hambre	10-01 (1), 13-06 (2), 16-02 (1)

hamburguesa	18-10 (1)
han	10-06 (2), 11-02 (1), 13-10 (1), 14-01 (2), 14-10 (2), 17-06 (1), 17-07 (1), 17-10 (1)
hará	14-03 (1)
harina	14-06 (1), 19-07 (1)
has	16-10 (2), 17-02 (1), 17-03 (1), 17-05 (1)
hasta	12-09 (1), 14-01 (1), 16-10 (1), 17-04 (2), 17-07 (1), 17-09 (1), 17-10 (2)
Hawai	12-08 (1), 15-04 (1)
hay	9-01 (2), 9-08 (3), 10-01 (1), 10-06 (1), 10-09 (8), 11-07 (2), 11-10 (1), 12-03 (3), 12-06 (1), 12-08 (1), 13-01 (4), 13-06 (34), 13-09 (4), 14-07 (4), 16-07 (1), 16-09 (2), 16-10 (2), 17-02 (1), 17-03 (1), 17-04 (2), 17-06 (1), 17-07 (1), 17-08 (2)
haya	17-08 (1)
hayan	17-08 (1)
hayas	17-06 (1)
haz	17-06 (1)
he	16-10 (2), 17-02 (1), 17-03 (1), 17-07 (2), 17-08 (1), 17-10 (1)
hebilla	18-06 (1)
hebrea	15-04 (1)
hecho	16-10 (1), 17-10 (2)
helado	11-09 (2), 12-07 (2), 14-05 (3), 16-02 (1), 16-03 (1)
helechos	18-09 (1)
hélice	19-08 (1)
helicóptero	14-09 (3), 19-08 (1)
hembra	12-10 (3)
herbívoro	12-10 (1)
herbívoros	17-08 (1)
hermanito	17-03 (2)
hermano	12-02 (2)
herramienta	9-03 (2), 14-09 (1)
herramientas	14-06 (4), 19-06 (1)
hice	13-10 (1)
hiciera	17-04 (1)
hiedra	18-09 (1)
hielo	19-05 (2)
hierba	18-09 (1)
hierve	13-04 (1)
hijito	17-03 (1), 17-09 (1)
hijo	11-08 (1), 17-01 (2), 17-05 (1), 17-09 (1)
hijos	15-01 (1), 16-03 (1), 17-09 (1)
hilo	19-06 (1)

Himalaya	19-02 (1)	huevos	18-10 (1)
hindi	15-04 (2)	humano	18-08 (1)
hirviendo	10-06 (2)	humo	13-01 (1)
hizo	13-10 (1), 15-10 (1), 17-03 (1), 17-09 (1)	ida	12-03 (2)
		idea	12-02 (2)
hockey	19-05 (1)	idioma	13-06 (1), 16-07 (4)
hoja	9-02 (1), 10-01 (1), 11-09 (2), 15-08 (1), 18-09 (2), 19-09 (1)	idiota	17-08 (1)
		iglesia	16-08 (1), 18-05 (1)
hojas	9-05 (4), 16-10 (1), 17-10 (1)	ignórelo	17-08 (1)
hola	10-02 (3), 10-10 (7), 17-02 (1)	igual	11-03 (4), 14-07 (2), 15-08 (5), 17-06 (1)
Holanda	15-04 (1), 18-07 (1)		
hombre	9-03 (2), 9-05 (7), 9-08 (9), 9-10 (5), 10-03 (1), 10-04 (1), 10-05 (19), 10-07 (2), 11-01 (7), 11-03 (2), 11-04 (4), 11-06 (6), 11-07 (4), 11-10 (1), 12-02 (10), 12-04 (2), 12-05 (2), 12-08 (4), 12-09 (8), 12-10 (1), 13-01 (6), 13-02 (1), 13-03 (6), 13-04 (2), 13-06 (1), 13-08 (2), 13-09 (4), 13-10 (6), 14-01 (6), 14-02 (4), 14-03 (2), 14-04 (4), 14-09 (1), 14-10 (4), 15-01 (1), 15-03 (4), 15-04 (9), 15-05 (1), 15-06 (2), 16-03 (17), 16-05 (5), 16-08 (6), 16-09 (2), 16-10 (2), 17-06 (1), 17-08 (1), 17-10 (3), 19-09 (1)	iguales	9-01 (1), 12-08 (1), 17-03 (1)
		imagen	16-09 (2)
		imaginar	17-04 (1)
		imaginario	9-03 (1), 16-09 (2)
		imbécil	17-07 (1)
		impaciente	15-01 (1)
		Imperio	16-07 (9)
		impermeable	18-06 (1)
		importa	12-08 (1)
		imposible	11-10 (1), 16-09 (7)
		impresora	9-09 (1), 18-02 (1), 19-09 (1)
		improbable	16-09 (4)
		incendio	17-09 (1)
		incendios	16-05 (1)
		inclina	11-04 (1)
hombrecito	17-03 (1)	inclinado	11-06 (1)
hombres	11-03 (2), 12-04 (1), 13-06 (2), 14-09 (8), 15-06 (2), 17-10 (1)	inclinan	11-04 (1)
		inclinándose	11-06 (3)
		incompleta	14-07 (2)
hombro	11-04 (2), 13-02 (1), 18-04 (1)	incorrecta	11-10 (4), 14-07 (1)
honesto	17-07 (1)	indentificaremos	17-10 (1)
hongos	18-09 (1), 19-07 (1)	independencia	16-08 (1)
hora	9-02 (4), 9-04 (1), 10-03 (2), 10-09 (5), 10-10 (1), 11-07 (4), 13-01 (2), 13-08 (1), 14-10 (2), 16-01 (10), 16-06 (9), 17-07 (1)	independiente	16-07 (3)
		independientes	16-07 (4)
		India	15-04 (2), 16-04 (2), 16-08 (1), 18-07 (1)
		indicador	19-01 (1)
horario	16-06 (1)	índice	18-04 (1)
horas	10-09 (7), 17-07 (1)	índico	19-02 (1)
horizontal	14-07 (3)	indio	17-06 (1)
horneando	10-06 (2)	indios	11-03 (1), 16-04 (1)
horno	10-06 (2), 18-10 (1), 19-03 (1)	Indonesia	18-07 (1)
horror	17-10 (1)	infelicidad	17-10 (1)
hospital	16-05 (1), 18-05 (1)	inferior	13-01 (2)
hoy	14-03 (2), 14-08 (1), 15-07 (32), 16-04 (6), 16-06 (1), 16-07 (2), 17-03 (3), 17-06 (1), 17-08 (3), 17-09 (1)	informal	10-04 (2)
		informalmente	11-03 (2)
		inglés	11-07 (1), 13-06 (2), 15-04 (4), 16-07 (2)
hubiera	12-09 (4)		
hueco	11-06 (1), 13-09 (2)	inglesa	15-04 (1), 19-06 (2)
huele	11-10 (2), 14-02 (7)	ingredientes	14-06 (3)
huevo	11-05 (1), 12-08 (1), 13-04 (4), 17-01 (2)	inhala	14-08 (1), 15-03 (2)

inmediatamente	17-03 (1)	jeringa	14-08 (1)
insecto	12-08 (1), 12-10 (2)	Jesús	10-10 (3)
insectos	12-10 (1), 18-08 (1)	jet	11-08 (4), 14-09 (2), 19-08 (1)
instalar	17-07 (1)	jirafa	18-08 (1)
instrucciones	12-08 (1)	Jorge	10-10 (2), 13-05 (3), 17-01 (2),
instrumento	12-05 (2), 14-02 (2)		17-02 (1), 17-05 (2)
inteligentes	17-01 (1)	José	14-01 (1), 17-06 (1), 17-08 (2)
interesa	12-02 (2)	joven	13-06 (1), 17-10 (1)
interesada	12-02 (1)	jovencito	17-07 (1)
interesado	12-02 (1)	jóvenes	16-03 (1)
interesante	12-02 (2)	joyas	9-07 (1)
interrogación	13-08 (1)	Juan	9-02 (2), 10-10 (2), 17-02 (1),
interruptor	18-03 (1)		17-08 (1)
introduce	9-09 (1)	Juana	9-10 (4)
introducida	17-08 (1)	Juanita	14-08 (22)
inventó	16-08 (1)	juega	12-05 (1), 14-05 (1), 17-04 (1)
inventor	16-08 (2)	juegan	14-09 (1)
invierno	16-10 (3), 17-03 (1), 17-06 (1),	juego	9-05 (1), 10-04 (2), 11-10 (2),
	17-10 (1)		12-08 (1), 14-01 (4), 14-05 (1)
invitan	17-06 (1)	juegos	18-01 (1)
inyección	14-04 (2), 14-08 (1)	jueves	15-02 (2), 15-06 (1), 15-07 (4)
ir	9-02 (5), 9-05 (2), 10-10 (1),	jugado	17-10 (1)
	12-03 (3), 12-09 (2), 13-09 (4),	jugar	12-06 (1), 14-05 (3), 15-10 (1)
	14-05 (2), 14-08 (1), 15-10 (1),	jugaría	14-05 (1)
	16-01 (1), 16-10 (7), 17-10 (1)	jugo	11-01 (3), 11-02 (4), 11-09 (1), 18-10 (1)
Irak	18-07 (1)	juguete	9-10 (1), 14-09 (1), 17-09 (1)
irías	17-08 (1)	juguetes	9-07 (4)
Irlanda	18-07 (1)	Julia	9-09 (8)
irse	14-05 (1)	julio	15-02 (1), 15-07 (1)
isla	15-09 (3), 16-07 (1), 19-02 (1)	junio	10-02 (1), 15-02 (2)
Israel	18-07 (1)	juntos	14-09 (1), 15-06 (2), 16-03 (1),
Italia	12-08 (1), 16-04 (2), 18-07 (1)		17-07 (1)
italiano	13-06 (1)	justo	15-06 (7)
izquierda	10-08 (2), 11-07 (1), 12-02 (1),	kilo	9-09 (1), 10-09 (1)
	15-09 (1), 15-10 (1), 16-05 (3)	kilómetros	10-08 (4), 10-09 (8), 11-07 (4),
izquierdo	17-03 (1)		12-03 (2)
jabón	10-01 (2), 10-07 (1), 13-07 (1)	kilos	9-09 (1), 10-09 (1), 14-08 (1)
Jaime	16-03 (1), 17-01 (1), 17-08 (1)	la	9-01 (14), 9-02 (16), 9-03 (8),
jala	10-05 (4)		9-04 (2), 9-05 (5), 9-06 (5), 9-07 (16),
jalan	15-06 (2)		9-08 (16), 9-09 (11), 9-10 (22)…
jalar	10-05 (2)	labio	18-04 (1)
jamón	18-10 (1)	labios	10-07 (1)
Japón	15-04 (2), 16-07 (1), 18-07 (1),	laboratorio	15-05 (1), 16-05 (1), 18-01 (1)
	19-02 (1)	lado	10-04 (1), 11-04 (2), 11-06 (1),
japonés	13-06 (1), 15-04 (1), 16-07 (1)		13-08 (1), 14-02 (2), 16-05 (3)
japonesa	11-03 (1), 15-04 (2)	ladra	12-05 (1)
japoneses	12-03 (1)	ladrando	12-08 (1)
jardín	17-07 (1)	ladrillo	14-06 (3)
jarra	13-02 (6)	ladrillos	11-02 (4)
jeans	18-06 (1)	ladrón	16-05 (5), 17-01 (1)
jeep	19-08 (1)	lagarto	18-08 (1)
jefe	17-06 (1), 17-08 (1), 17-10 (1), 19-09 (1)	lago	19-02 (1)

lame 12-07 (3)
lámpara 13-08 (1), 18-03 (1)
lana 14-06 (2)
lancha 19-08 (1)
lanza 17-01 (1)
lanzamiento 19-05 (1)
lápiz 10-08 (6), 13-02 (1), 14-02 (2),
15-03 (2), 15-08 (4)
larga 15-09 (1)
largo 9-03 (2), 9-09 (1), 10-08 (6)
las 9-02 (3), 9-03 (2), 9-05 (4), 9-07 (2),
10-03 (2), 10-04 (1), 10-06 (8),
10-07 (4), 10-08 (4), 10-09 (6),
10-10 (1), 11-01 (1), 11-04 (4),
11-05 (2), 11-06 (3), 11-10 (2),
12-04 (3), 12-06 (1), 12-08 (4),
12-10 (3), 13-01 (3), 13-02 (3),
13-04 (1), 13-05 (1), 13-07 (2),
13-08 (2), 13-09 (7), 13-10 (2),
14-01 (8), 14-06 (1), 14-09 (5),
14-10 (2), 15-03 (1), 16-01 (18),
16-04 (1), 16-06 (15), 16-08 (1),
16-10 (5), 17-01 (1), 17-02 (1),
17-03 (1), 17-05 (5), 17-08 (2),
17-09 (1), 17-10 (1), 18-04 (1),
18-10 (7), 19-02 (1), 19-06 (1),
19-07 (22)
latidos 14-08 (3)
Latinoamérica 15-07 (4)
latinoamericano 15-07 (7)
Laura 16-03 (1)
lava 10-01 (2), 10-06 (1), 10-07 (3),
15-10 (1)
lavadora 10-04 (9), 10-05 (2), 17-05 (1),
18-03 (1)
lavamanos 10-07 (1), 18-03 (1)
lavando 13-04 (1)
lavaplatos 19-03 (1)
lavar 10-04 (1), 10-06 (1), 14-05 (1)
lavarse 10-07 (1)
lavaste 15-10 (2)
lávate 12-06 (1)
lavé 15-10 (2)
lavó 15-10 (1)
La Meca 16-08 (1)
le 9-04 (1), 9-06 (8), 9-07 (2), 9-08 (13),
9-09 (1), 10-02 (1), 10-04 (4),
10-05 (8), 10-10 (1), 11-01 (2),
11-02 (6), 11-04 (6), 11-05 (5),
11-08 (2), 12-02 (8), 12-04 (6),
12-06 (2), 12-07 (2), 13-05 (3),
13-06 (4), 13-07 (3), 13-08 (10),
13-09 (4), 13-10 (6), 14-01 (1),
14-04 (1), 14-08 (16), 14-10 (4),
15-03 (5), 15-08 (1), 16-02 (1),
16-03 (1), 16-05 (1), 17-01 (1),
17-03 (2), 17-05 (1), 17-06 (2),
17-07 (3), 17-09 (2), 17-10 (4)
leal 17-07 (1)
leche 10-06 (6), 11-01 (1), 12-09 (4),
13-05 (1), 13-09 (4), 17-02 (1),
18-10 (1)
lechuga 13-05 (1)
lechugas 19-07 (1)
lee 12-04 (2)
leer 9-08 (3), 12-09 (2), 14-05 (1),
14-10 (2), 16-09 (2), 17-02 (1)
lees 17-04 (1)
legal 17-09 (1)
lejos 13-01 (1), 13-09 (2), 16-10 (1),
17-06 (1)
lengua 18-04 (1)
lengüetadas 12-07 (1)
lentamente 11-07 (1), 13-06 (8)
león 18-08 (1), 18-09 (1)
les 9-06 (4), 9-07 (1), 16-02 (2),
17-03 (1), 17-06 (1), 17-07 (1), 17-09 (1)
letra 11-09 (2)
levanta 9-10 (1), 10-04 (2), 10-05 (1)
levantamiento 19-05 (1)
levantar 9-10 (8)
levantarme 9-10 (1)
levantarse 9-10 (6), 11-02 (2), 16-01 (1)
leyendo 9-05 (1), 12-08 (20)
Libia 18-07 (1)
libre 19-05 (1)
libro 9-02 (3), 9-05 (2), 9-06 (4), 9-07 (2),
9-08 (3), 11-01 (3), 11-09 (2),
11-10 (2), 12-02 (4), 12-06 (2),
12-08 (2), 13-02 (4), 13-10 (2),
14-05 (1), 14-10 (2), 16-09 (6),
18-01 (1)
libros 9-01 (2), 11-04 (4), 14-06 (2),
18-03 (1)
licuadora 18-02 (1)
líder 16-08 (8)
Liliana 10-02 (1)
Lima 10-08 (1)
limas 19-07 (1)
limita 15-09 (3)
limonada 17-03 (1)
limones 14-02 (1), 19-07 (1)
limosina 13-06 (2), 19-08 (1)
limpia 10-07 (4), 12-04 (2), 15-03 (2)

limpiaparabrisas	19-01 (1)	luna	9-03 (2), 16-01 (1), 16-04 (1)
limpiar	14-05 (1)	lunar	19-08 (1)
limpios	17-06 (1)	lunes	15-02 (2), 15-06 (1), 15-07 (2),
Linda	13-07 (18)		17-02 (1), 17-10 (1)
lindo	13-06 (2), 16-10 (2)	luz	11-07 (6), 13-07 (1), 17-08 (1),
línea	11-09 (2), 14-07 (4), 15-08 (2),		19-01 (1)
	17-05 (1)	llama	9-02 (2), 10-02 (2), 13-05 (2),
líneas	19-10 (2)		14-04 (1), 15-05 (1)
linterna	17-05 (1), 19-06 (1)	llamada	10-10 (1)
liquen	18-09 (1)	llamar	17-03 (1), 17-04 (2)
líquidos	9-01 (4)	llamé	17-08 (1), 17-10 (1)
lirios	18-09 (1)	llamemos	17-01 (1)
Lisa	9-02 (1)	llamo	9-02 (2), 10-02 (3)
liso	14-02 (1)	llanta	13-07 (1), 19-01 (2)
lista	13-05 (1)	llave	9-10 (2), 10-01 (1), 11-05 (8),
listo	17-01 (1), 17-02 (1), 17-05 (1),		13-07 (3), 13-08 (4), 13-09 (2),
	17-09 (1)		17-05 (1), 19-06 (2)
lo	9-04 (1), 9-10 (3), 10-02 (2),	llaves	11-01 (2), 13-07 (1), 13-08 (1),
	10-10 (1), 11-01 (4), 11-02 (2),		13-10 (2), 14-01 (4), 17-05 (4)
	11-05 (3), 11-08 (6), 11-09 (5),	llega	10-03 (4), 11-05 (1)
	12-02 (2), 12-03 (2), 12-04 (1),	llegamos	16-06 (4), 17-06 (1)
	12-06 (1), 13-02 (1), 13-06 (4),	llegan	11-05 (1)
	13-07 (1), 13-08 (4), 13-10 (3),	llegué	17-01 (1)
	14-03 (1), 14-05 (6), 15-08 (1),	llena	13-07 (1), 13-09 (1), 17-02 (1)
	15-10 (2), 16-01 (1), 16-02 (2),	llenado	13-09 (1)
	16-03 (1), 16-06 (1), 16-07 (1),	llenan	13-09 (7)
	16-10 (2), 17-01 (5), 17-02 (3),	llenando	13-09 (1)
	17-03 (3), 17-04 (3), 17-05 (1),	llenar	13-09 (2)
	17-06 (5), 17-07 (2), 17-08 (5),	llenará	13-09 (1)
	17-09 (4), 17-10 (4)	llenarán	13-09 (2)
lobo	18-08 (1)	lleno	11-07 (1), 12-06 (1), 17-04 (1)
loción	10-07 (1), 12-04 (4)	llenó	14-05 (1)
logré	17-06 (1)	lleva	9-03 (4), 9-06 (1), 10-04 (6),
logró	15-10 (2)		10-07 (6), 11-01 (1), 11-03 (11),
Londres	10-08 (2), 12-03 (1), 16-07 (2)		12-01 (1), 12-03 (2), 12-09 (2),
longitudes	10-08 (1)		13-07 (1), 14-03 (2), 16-01 (2),
López	9-04 (1), 17-01 (1), 17-09 (1)		16-04 (2), 17-02 (1)
Lorenzo	17-08 (1)	llevaba	14-03 (2), 16-04 (5)
loro	18-08 (1)	llevaban	16-04 (3)
los	9-01 (4), 9-07 (3), 9-10 (3), 10-01 (1),	llevado	12-09 (1)
	10-03 (1), 10-04 (2), 10-06 (5),	llevamos	9-06 (2)
	10-07 (3), 11-02 (3), 11-03 (6)…	llevan	9-06 (3), 11-03 (11), 12-01 (1),
luces	18-03 (1)		14-03 (2), 14-09 (4), 16-04 (4)
lucha	19-05 (1)	llevar	13-09 (2), 17-04 (1)
luchan	14-09 (2)	llevarlo	17-10 (1)
luchando	14-09 (5)	llevas	9-06 (3)
luchó	16-08 (1)	llévenos	17-07 (1)
luego	17-08 (1), 17-09 (1)	llevo	9-06 (2)
lugar	9-03 (8), 13-04 (6), 17-03 (1),	llorando	15-01 (4)
	17-04 (1)	lloviendo	12-09 (1), 16-01 (3)
Luis	17-04 (1)	lloviera	12-09 (1)
Luisa	10-01 (1), 17-07 (1)	llueve	16-01 (1)

lluvia	16-01 (1)	mantienen	13-02 (2)
machete	19-06 (1)	manual	19-06 (1)
macho	12-10 (3)	Manuel	17-06 (1)
madera	11-09 (2), 14-06 (4), 14-07 (3)	manzana	9-05 (2), 9-07 (2), 11-02 (4),
madre	12-04 (4), 12-06 (3), 13-10 (2),		11-09 (2), 12-07 (1), 14-10 (2),
	16-03 (1), 17-10 (1)		17-10 (1)
Madrid	10-08 (3), 12-03 (1)	manzanas	12-01 (1), 19-07 (1)
maestro	15-05 (1), 18-01 (1)	manzano	18-09 (1)
maíz	19-07 (1)	mañana	9-02 (1), 15-07 (6), 16-01 (6),
mal	11-10 (2), 14-02 (2)		17-06 (1), 17-07 (1), 17-08 (4),
mala	11-10 (1), 15-01 (2), 17-05 (1),		17-10 (1)
	17-08 (2), 18-09 (1)	mapa	10-08 (2), 11-01 (1), 12-08 (1),
maleta	11-10 (2), 13-07 (6)		13-07 (1), 14-01 (2), 17-05 (1)
maletero	10-03 (1), 19-04 (1)	maquilla	10-07 (1)
maletín	11-05 (2), 13-07 (5), 13-10 (2),	maquillarse	10-07 (1)
	19-09 (1)	máquina	9-09 (1), 13-03 (5), 13-04 (1),
malo	11-10 (1)		18-02 (2), 19-06 (1)
mamá	9-04 (2), 12-06 (1), 16-03 (1),	mar	15-09 (5), 19-02 (4)
	17-01 (1), 17-02 (1), 17-03 (2),	maravillosa	17-01 (1)
	17-04 (1), 17-05 (1), 17-10 (2)	maravilloso	17-08 (1)
mamífero	12-08 (1), 12-10 (11)	marcando	9-09 (1), 13-05 (1)
mamíferos	12-01 (3), 18-08 (1)	Marco	17-01 (1)
manchada	11-09 (1)	marcos	12-03 (1)
manchas	17-06 (1)	Margarita	16-03 (1), 17-03 (1)
manché	11-09 (1)	margaritas	18-09 (1)
manda	9-09 (1)	María	10-02 (1), 10-10 (1)
mandamientos	16-08 (1)	marina	14-09 (2)
mandamos	17-07 (1)	Mario	17-01 (1)
mandaste	17-05 (1)	mariposa	17-01 (1), 18-08 (1)
Mandela	15-04 (1)	mariposas	12-10 (1)
mandíbula	18-04 (1)	Marlén	17-04 (1)
manecillas	16-06 (1)	Márquez	9-04 (1)
maneja	11-07 (2)	marrón	9-08 (3), 11-05 (2)
manejar	12-09 (3), 16-05 (3)	Marta	17-04 (1), 17-10 (1)
manejaría	12-09 (1)	martes	15-02 (4), 15-07 (3)
maneje	11-07 (1), 17-08 (1)	martillo	11-10 (2), 13-08 (2), 19-06 (1)
manera	11-10 (4)	Martín	17-07 (1)
manga	18-06 (1)	Martínez	9-02 (1)
mangueras	16-05 (1)	marzo	15-02 (1), 15-07 (2)
maníes	19-07 (1)	más	9-01 (2), 9-06 (3), 10-03 (1),
mano	9-02 (1), 10-10 (1), 11-04 (5),		10-08 (8), 10-09 (3), 10-10 (1),
	12-08 (1), 12-09 (1), 13-01 (2),		11-07 (3), 12-09 (1), 13-03 (3),
	14-04 (1), 14-08 (1), 18-04 (3),		13-05 (2), 14-03 (2), 14-07 (10),
	19-01 (1)		15-08 (5), 15-09 (1), 16-04 (1),
Manolo	17-09 (1)		16-07 (2), 16-10 (9), 17-01 (1),
manos	10-07 (2), 11-04 (1), 11-06 (2),		17-02 (4), 17-03 (2), 17-04 (2),
	12-06 (1), 15-03 (1)		17-05 (3), 17-07 (3), 17-08 (5),
mantel	19-03 (1)		17-09 (2), 17-10 (7), 19-10 (1)
mantener	13-02 (2)	mascota	12-10 (2), 17-01 (1)
manteniendo	13-02 (1)	masculino	9-01 (2)
mantequilla	12-06 (1), 18-10 (1), 19-03 (1)	mastica	12-07 (1)
mantiene	13-02 (3)	masticando	12-07 (3)

matemáticas	18-01 (1)
matemático	9-05 (1), 11-10 (2), 12-02 (3), 15-08 (4)
material	14-06 (2)
materiales	14-06 (3)
matrícula	19-01 (1)
matrimonio	17-07 (1)
maúlla	12-05 (1)
máxima	11-07 (3)
mayo	15-02 (1), 15-07 (2)
mayor	9-07 (1), 12-02 (2)
mayoría	12-01 (1), 15-04 (4), 16-01 (1)
me	9-02 (3), 9-04 (5), 9-06 (1), 10-02 (5), 10-10 (1), 11-01 (4), 11-07 (1), 12-02 (1), 12-03 (10), 12-06 (1), 13-05 (1), 13-06 (4), 13-10 (1), 14-04 (6), 16-02 (4), 16-03 (2), 16-05 (1), 16-10 (27), 17-01 (1), 17-02 (1), 17-03 (5), 17-04 (2), 17-05 (1), 17-06 (1), 17-07 (1), 17-08 (1), 17-09 (6), 17-10 (3)
mecánico	13-08 (2), 17-06 (1)
mecánicos	19-04 (1)
media	14-10 (2), 16-01 (7), 16-06 (1), 17-02 (1)
medias	18-06 (1)
medicamento	17-02 (1)
medicina	9-07 (1), 12-08 (1), 14-04 (2), 14-08 (1), 17-10 (1)
medicinas	9-07 (1)
médico	14-04 (2), 14-08 (11), 19-04 (1)
medieval	16-04 (1)
medio	10-09 (1), 12-04 (1), 14-03 (2), 16-04 (4)
mediodía	9-02 (1), 16-01 (1), 16-06 (1)
medir	10-06 (1), 10-08 (18), 17-05 (1), 19-03 (2)
Mediterráneo	15-09 (3), 19-02 (1)
mejilla	18-04 (1)
mejor	17-03 (1), 17-06 (1), 17-08 (1), 17-09 (1), 17-10 (1)
mejorarse	17-08 (1)
mejores	17-03 (1), 17-04 (1), 17-10 (1)
memorizado	17-06 (1)
menciona	17-08 (1)
menos	10-09 (4), 13-03 (3), 15-08 (5), 16-06 (1), 16-10 (2), 17-07 (1), 17-09 (1), 19-10 (1)
mensaje	9-09 (1)
mente	17-07 (1), 17-10 (1)
mentira	13-10 (2)
menú	12-08 (1), 16-02 (3)
mercado	13-03 (1)

Mercedes	17-03 (1), 17-10 (1)
merienda	16-03 (1)
mermelada	18-10 (1)
mes	15-02 (5), 15-06 (1), 15-07 (6)
mesa	10-06 (1), 10-07 (1), 12-06 (1), 12-09 (2), 13-02 (3), 13-04 (1), 16-02 (2), 16-09 (2), 17-06 (2), 18-03 (1)
meses	10-09 (1), 15-07 (1)
metal	9-01 (2), 11-09 (2), 14-06 (3)
metales	19-06 (1)
mete	15-03 (2)
métete	12-06 (1)
métrica	19-06 (1)
metro	9-01 (1), 10-03 (1), 14-08 (1), 18-05 (1), 19-08 (1)
metros	17-04 (1), 17-05 (1)
México	10-08 (2), 18-07 (1)
mezclar	19-03 (1)
mezquita	18-05 (1)
mi	9-02 (5), 10-02 (3), 10-10 (1), 10-11 (1), 12-03 (1), 13-08 (1), 17-01 (2), 17-02 (1), 17-03 (3), 17-04 (1), 17-05 (2), 17-06 (2), 17-07 (1), 17-08 (2), 17-09 (4), 17-10 (4)
mí	13-10 (1), 16-10 (2), 17-01 (1), 17-03 (2), 17-05 (1), 17-07 (1), 17-09 (1)
mía	17-01 (1)
mico	18-08 (1)
microbús	16-10 (1)
micrófono	18-02 (1)
microondas	10-01 (4), 10-06 (1), 18-02 (1)
mide	9-09 (4), 10-08 (4), 14-08 (2)
miden	9-01 (1)
midiendo	15-08 (1)
miedo	15-01 (5), 16-10 (2), 17-02 (1), 17-10 (1)
miente	13-10 (2)
mientras	15-06 (1), 17-09 (1), 17-10 (3)
miércoles	15-02 (2), 15-07 (2)
Miguel	9-10 (2)
Mikhail	13-01 (1), 15-04 (1)
mil	17-09 (1)
milenio	10-09 (1)
miles	16-04 (2)
mililitros	17-02 (1)
militar	11-03 (2), 14-09 (2), 16-08 (1)
millones	13-03 (2)
mimando	17-10 (1)
miniván	19-08 (1)

105

minusválidos	11-07 (1)	monta	11-02 (2), 11-07 (1)
minutero	16-06 (1)	montaba	11-02 (1)
minuto	14-08 (1), 16-06 (1), 17-03 (1), 17-05 (2)	montando	11-02 (1)
		montaña	19-02 (1)
minutos	10-09 (3), 16-06 (3), 17-04 (1)	montañas	16-10 (2), 19-02 (1)
mío	17-04 (1), 17-10 (1)	montar	9-05 (2), 13-09 (2)
mira	9-04 (2), 11-01 (1), 12-04 (7),	montará	11-02 (1)
	14-05 (1), 14-08 (1), 16-10 (3),	monumento	16-04 (2)
	17-06 (1)	monumentos	16-04 (2)
miramos	12-04 (2)	morado	13-06 (2)
miran	12-04 (2)	mordiendo	12-07 (1)
mirando	9-09 (1), 13-05 (1), 14-08 (1),	mordisco	12-07 (2)
	17-10 (1)	Moscú	16-04 (1)
mirar	14-05 (5), 17-01 (1), 17-02 (1)	mostaza	18-10 (1)
miraría	14-05 (1)	mostrador	10-03 (1), 13-05 (1)
mirarlos	16-10 (1)	mostrarte	17-10 (1)
mire	9-04 (2)	motivo	17-07 (1)
miremos	17-09 (1)	moto	19-08 (1)
miren	9-04 (2), 12-06 (1), 17-03 (1)	motocicleta	11-07 (1)
mires	17-04 (1)	motocicletas	19-05 (1), 19-08 (1)
mis	11-01 (1), 17-01 (1)	motor	19-01 (1)
miseria	17-10 (1)	motora	19-08 (1)
Misisipí	19-02 (1)	mover	9-10 (2)
misma	9-01 (11), 9-06 (1), 12-04 (1),	mucha	16-06 (4), 16-10 (1), 17-02 (1),
	15-07 (1)		17-06 (1)
mismas	17-10 (1)	muchacha	9-08 (2), 9-10 (8), 15-05 (1)
mismo	9-01 (14), 10-10 (1), 12-04 (1)	muchacho	9-08 (2), 13-08 (1), 13-10 (6), 15-01 (1)
mitad	13-01 (4), 14-07 (2), 15-08 (2)	muchachos	15-06 (4)
mitones	18-06 (1)	muchas	10-02 (1), 10-03 (1), 11-01 (1),
mochila	15-05 (2), 18-01 (1)		11-10 (1), 12-03 (1), 13-09 (1),
moderna	11-03 (1), 14-03 (3)		16-10 (1), 17-07 (3)
moderno	11-08 (2), 14-03 (2)	muchísimos	13-06 (1)
moja	9-09 (1), 10-01 (3), 15-03 (1)	mucho	9-04 (1), 10-02 (2), 10-09 (1),
mojada	9-02 (1), 10-04 (3)		10-10 (2), 12-01 (1), 12-05 (3),
mojado	17-06 (1)		13-03 (4), 14-02 (1), 14-03 (2),
mojar	16-09 (3)		15-06 (2), 15-08 (2), 16-03 (1),
mojarse	15-01 (1)		16-04 (3), 16-06 (1), 16-07 (1),
mojen	16-09 (2)		16-10 (1), 17-01 (1), 17-04 (1),
mojó	16-09 (1)		17-06 (1), 17-07 (1), 17-09 (1),
molde	10-06 (1)		17-10 (3)
molesta	17-01 (1), 17-06 (2)	muchos	13-06 (4), 14-09 (1), 17-07 (1)
molestes	17-06 (1), 17-07 (2), 17-10 (1)	muebles	12-08 (4), 14-06 (1)
molesto	17-06 (1)	muelas	14-04 (1)
molinillo	19-03 (1)	muerde	12-06 (1), 12-07 (3)
momento	9-01 (1), 17-01 (1), 17-07 (1),	muertas	9-05 (5)
	17-08 (2), 17-10 (1)	muerto	9-05 (3)
momentos	9-01 (1), 17-08 (1)	muertos	12-10 (1)
moneda	16-09 (1)	muestra	9-08 (1), 10-09 (4), 11-07 (1)
monedas	10-08 (4), 12-03 (2)	muge	12-05 (1)
Mongolia	16-08 (1)	mujer	9-05 (5), 9-10 (5), 10-05 (15),
monitor	9-09 (1), 18-02 (1)		10-10 (1), 11-01 (11), 11-03 (5),
monocarril	19-08 (1)		11-04 (4), 12-02 (6), 12-04 (15),

	12-05 (2), 12-08 (3), 12-09 (11), 12-10 (1), 13-01 (6), 13-03 (4), 13-06 (2), 13-08 (2), 13-09 (4), 13-10 (2), 14-01 (2), 14-02 (6), 14-03 (2), 14-04 (2), 14-10 (2), 15-01 (2), 15-03 (8), 15-04 (1), 16-03 (13), 16-09 (2), 17-02 (1)	necesitas	9-07 (1), 9-10 (1), 17-09 (1)
		necesito	9-07 (3), 9-10 (2), 10-10 (1), 16-01 (4), 16-02 (2), 17-01 (1)
		necrófago	12-10 (1)
		negativo	19-10 (1)
		negocio	17-10 (1)
		negocios	19-09 (1)
mujeres	11-03 (1), 12-04 (2), 13-01 (2)	negra	9-08 (2)
muletas	14-04 (1), 14-08 (1)	negro	15-09 (2), 16-10 (1)
multiplicación	14-07 (2), 15-08 (1), 19-10 (1)	negros	16-10 (1)
mundo	16-07 (1), 19-02 (1)	Nelson	15-04 (1)
muñeca	18-04 (1)	nenúfares	18-09 (1)
murió	16-08 (4)	nevando	16-01 (2)
museo	12-03 (2)	nevera	10-01 (2), 10-06 (2), 11-08 (2), 18-02 (1), 19-03 (1)
musgo	18-09 (1)		
música	11-10 (2), 13-10 (3), 18-01 (1)	ni	9-05 (1), 13-01 (1), 13-06 (2), 14-07 (2), 16-03 (2), 16-10 (2), 17-03 (1)
musical	14-02 (2)		
músico	19-04 (1)		
muslo	18-04 (1)	nieve	16-01 (1), 17-04 (1)
muy	13-01 (1), 13-09 (2), 14-04 (1), 16-03 (1), 16-10 (1), 17-01 (1), 17-02 (1), 17-03 (1), 17-04 (2), 17-05 (2), 17-06 (4), 17-07 (2), 17-08 (1), 17-09 (3)	Nigeria	18-07 (1)
		Nilo	19-02 (1)
		ningún	12-05 (3), 13-06 (1), 13-10 (2), 14-02 (1)
		ninguna	12-08 (1), 14-04 (1), 17-05 (1)
nabos	19-07 (1)	ninguno	12-06 (1), 16-10 (1)
nací	14-08 (1)	niña	9-08 (4), 10-05 (4), 12-04 (13), 12-06 (1), 13-01 (5), 13-06 (1), 14-01 (7), 14-03 (2), 14-10 (2), 15-03 (2), 15-05 (1), 15-06 (1)
nacimiento	14-08 (1)		
nació	16-08 (4)		
nada	9-08 (1), 10-02 (1), 10-10 (2), 11-07 (1), 12-01 (4), 12-03 (1), 12-04 (1), 13-02 (1), 15-01 (1), 16-05 (1), 16-10 (2), 17-01 (2), 17-05 (1), 17-07 (1), 17-09 (1)	niño	9-08 (15), 9-10 (3), 10-05 (5), 10-07 (6), 11-02 (2), 11-06 (14), 12-02 (3), 12-05 (4), 12-06 (2), 13-01 (13), 13-09 (6), 14-01 (6), 14-03 (2), 14-10 (6), 15-03 (2), 15-06 (7), 16-10 (1), 17-02 (1), 17-06 (1)
nadar	13-09 (2), 16-10 (2), 17-01 (1)		
nadie	10-05 (4), 10-06 (1), 11-02 (3), 11-06 (1), 12-01 (1), 14-01 (1), 17-03 (1)		
		niños	9-01 (2), 11-03 (2), 12-04 (2), 14-01 (2), 14-09 (1), 17-01 (1), 17-05 (2), 17-08 (1), 17-09 (2), 19-01 (1)
naipe	11-08 (2), 15-03 (2)		
naipes	15-10 (1), 19-05 (1)		
naranja	11-01 (3), 11-02 (4), 18-10 (1)	nivel	19-01 (1)
naranjas	13-05 (2), 19-07 (1)	nivelador	19-06 (1)
nariz	11-04 (2), 13-01 (1), 14-04 (1), 17-10 (1), 18-04 (1)	niveles	9-01 (2)
		no	9-02 (5), 9-03 (11), 9-04 (1), 9-05 (7), 9-07 (11), 9-08 (10), 9-10 (17), 10-02 (2), 10-03 (3), 10-04 (4)…
natación	19-05 (1)		
naturalmente	17-05 (1)		
navaja	19-06 (1)	noche	9-02 (2), 16-01 (4), 16-06 (1), 17-02 (1)
navega	16-07 (2)		
navegaba	16-07 (2)	noches	12-06 (1)
Navidad	15-02 (1), 17-07 (1)	noreste	15-09 (1)
necesita	9-07 (14), 10-03 (1), 14-04 (2), 14-05 (1), 17-05 (1)	normal	15-02 (1), 17-02 (1)
necesitamos	10-10 (1), 17-07 (1)	noroeste	15-09 (1)

norte	15-09 (2), 18-07 (1), 19-02 (2)	ocurrido	17-07 (1)
Norteamérica	15-07 (4)	ochenta	10-09 (1)
norteamericano	15-04 (1), 15-07 (3), 16-08 (1)	oeste	15-09 (2)
norteamericanos	11-03 (1), 16-04 (1)	oficial	19-04 (1)
Noruega	18-07 (1)	oficina	9-03 (2), 12-08 (1), 17-03 (1),
nos	9-06 (3), 9-07 (1), 12-03 (1),		17-05 (1), 17-10 (1), 19-09 (1)
	12-04 (2), 16-02 (2), 16-03 (1),	oficio	16-06 (2)
	17-01 (1), 17-02 (1), 17-03 (1),	ofrece	9-08 (4)
	17-06 (1), 17-07 (2), 17-09 (1),	oído	17-02 (1), 17-05 (1)
	17-10 (3)	oídos	14-08 (2), 17-07 (1)
nosotras	9-06 (1)	oír	9-10 (2), 13-10 (1), 17-02 (1),
nosotros	9-06 (6), 9-07 (2), 12-04 (2),		17-06 (1)
	13-01 (1), 17-04 (1)	ojalá	16-10 (1)
nota	12-08 (1), 17-10 (1)	ojo	11-04 (1), 18-04 (1)
notaste	17-07 (1)	ojos	9-01 (2), 12-09 (2), 14-01 (1)
novela	16-08 (1)	ola	17-07 (1)
noventa	10-09 (1), 14-07 (1)	oler	9-10 (2)
novia	11-03 (2), 16-03 (3)	olvidaron	17-01 (1)
noviembre	14-08 (1), 15-02 (1), 15-07 (1)	olvidó	11-05 (1), 13-10 (8), 17-03 (1),
novio	16-03 (1)		17-09 (1)
nubes	16-01 (1)	olla	14-05 (1), 19-03 (1)
nublado	16-01 (4)	omnívoro	12-10 (1)
nueces	17-10 (1), 18-09 (1), 18-10 (1)	once	14-07 (1), 14-08 (1), 15-07 (1)
nuestro	17-05 (1), 17-09 (1)	ópera	17-08 (1)
nuestros	17-04 (1)	operación	15-08 (4)
nuevas	17-07 (1)	opuesta	15-09 (4)
Nueva York	16-07 (2)	opuesto	17-10 (1)
nueve	16-06 (1), 17-10 (1)	orden	17-10 (1)
nuevo	15-02 (1), 17-04 (4), 17-06 (1),	ordenada	17-09 (1)
	17-09 (1)	ordenado	11-09 (1)
número	9-09 (2), 10-02 (3), 10-09 (4),	oreja	18-04 (1)
	10-10 (2), 15-06 (4), 15-08 (4),	orgulloso	15-01 (1)
	17-02 (1), 19-10 (3)	origen	16-08 (1)
números	15-08 (7), 19-10 (1)	orina	14-08 (1)
nunca	11-02 (1), 12-01 (14), 16-04 (1),	orquesta	19-04 (1)
	16-09 (1), 16-10 (1), 17-02 (2),	ortopédico	14-04 (1)
	17-04 (1), 17-06 (1), 17-07 (1),	oso	13-06 (2), 17-02 (1), 17-10 (1),
	17-08 (1)		18-08 (1)
o	9-02 (3), 11-01 (1), 12-03 (1),	osos	17-06 (2)
	13-01 (2), 13-03 (2), 14-05 (2),	otoño	16-10 (3)
	16-04 (1), 16-10 (5), 17-08 (1),	otra	9-01 (3), 11-01 (1), 12-01 (1),
	17-09 (1)		12-04 (5), 12-09 (1), 17-02 (2),
obedece	12-06 (4)		17-07 (1), 17-08 (1), 17-09 (2),
obedecen	12-06 (1)		17-10 (1)
obra	11-03 (1)	otras	16-10 (1)
obrero	19-04 (1)	otro	9-08 (2), 14-10 (2), 15-06 (2),
obtuso	19-10 (1)		16-05 (1), 16-07 (1), 17-02 (1),
occidente	11-03 (1)		17-06 (2), 17-09 (1)
océano	15-09 (4), 19-02 (5)	otros	10-01 (1), 11-06 (1), 15-09 (1),
océanos	15-09 (1)		17-08 (1), 17-10 (2)
octubre	15-02 (1), 15-06 (1), 15-07 (1)	óvalo	19-10 (1)
ocurre	16-09 (2)	oveja	18-08 (1)

ovejas	9-03 (2)	papel	9-02 (1), 9-09 (4), 10-01 (1),
overol	18-06 (1)		11-02 (4), 11-09 (2), 12-06 (2),
oxidado	11-09 (2)		13-02 (2), 14-06 (3), 15-06 (3),
oye	14-02 (1), 17-02 (1), 17-04 (1)		15-08 (3), 17-06 (1)
Pablito	17-02 (1), 17-03 (1)	papelera	19-09 (1)
Pablo	14-01 (1), 16-03 (1)	papeles	9-09 (2), 12-06 (4)
paciencia	17-03 (1)	paquete	9-09 (3), 16-05 (1)
paciente	14-04 (3), 14-08 (1)	Paquistán	18-07 (1)
pacientes	14-04 (2)	par	10-04 (1), 10-07 (1), 12-08 (1),
pacífico	15-09 (1), 19-02 (1)		17-06 (1)
Paco	17-01 (1), 17-08 (1)	para	9-03 (10), 9-07 (5), 9-08 (4), 9-10 (2),
padre	12-06 (3), 17-01 (1), 17-02 (1),		10-02 (2), 10-03 (2), 10-04 (3),
	17-08 (1)		10-06 (1), 10-07 (4), 10-08 (16),
padres	12-04 (1)		11-02 (4), 11-03 (7), 11-05 (3),
paga	12-03 (3), 13-07 (1), 16-02 (1)		11-07 (5), 12-06 (3), 12-07 (1),
pagará	12-03 (1)		13-02 (2), 13-04 (7), 13-06 (1),
pagaré	12-03 (1)		13-09 (14), 14-06 (10), 14-08 (4),
pagaste	17-06 (1)		14-09 (4), 15-06 (1), 16-01 (2),
página	11-09 (2)		16-02 (3), 16-03 (1), 16-06 (4),
país	13-06 (4), 14-09 (1), 15-09 (22),		16-09 (4), 16-10 (1), 17-01 (1),
	16-07 (23), 17-02 (1)		17-02 (3), 17-03 (4), 17-04 (6),
países	9-07 (1), 15-09 (3), 16-05 (1),		17-05 (3), 17-06 (3), 17-07 (2),
	16-07 (11)		17-08 (3), 17-09 (1), 17-10 (4),
pajarito	17-09 (1)		18-03 (1), 18-10 (1), 19-01 (1),
pájaro	9-05 (3), 12-08 (1)		19-03 (6), 19-06 (1)
pájaros	17-03 (2), 17-04 (1)	parabólica	18-02 (1)
pajita	12-07 (5)	parabrisas	19-01 (1)
pala	19-06 (1)	parachoques	19-01 (1)
palabra	9-09 (1)	parada	11-04 (1), 11-05 (1)
palabras	17-09 (1)	parado	11-04 (1), 11-06 (5), 12-09 (2),
palanca	19-01 (1), 19-06 (1)		14-05 (1), 17-10 (1)
paleta	19-06 (1)	parados	11-06 (5)
palillos	19-03 (1)	paraguas	12-09 (4), 14-10 (2), 16-01 (1),
palma	18-04 (1)		17-01 (1)
pan	10-08 (6), 11-02 (2), 11-08 (6),	paralelas	19-10 (1)
	13-03 (2), 13-04 (1), 13-05 (1),	paramédico	16-05 (1)
	14-06 (1), 18-10 (1), 19-03 (1),	parar	14-05 (1)
	19-07 (1)	pare	11-07 (4), 12-02 (2), 17-03 (1)
panadería	13-04 (2), 18-05 (1)	parece	10-10 (1), 11-08 (8), 16-10 (1),
panadero	19-04 (1)		17-01 (1), 17-02 (1), 17-03 (1),
Panamá	16-07 (2)		17-05 (1), 17-06 (1), 17-09 (1)
panda	18-08 (1)	parecen	17-03 (1), 17-06 (1)
pánico	17-03 (1)	parecer	16-10 (1), 17-02 (1), 17-10 (1)
pantalones	10-04 (1), 10-07 (1), 13-09 (2),	parecerán	17-07 (1)
	18-06 (2)	pared	11-06 (1), 14-09 (1), 16-06 (1),
pantorrilla	18-04 (1)		18-03 (1)
pantuflas	10-07 (1), 18-06 (1)	pareja	10-04 (2), 11-08 (2), 16-03 (3)
papa	12-07 (2), 16-03 (1), 17-03 (3),	paremos	17-10 (1)
	17-05 (2), 17-07 (1), 17-09 (1),	pares	17-06 (1)
	17-10 (1)	París	10-08 (5), 12-03 (4), 12-08 (2),
papas	10-06 (7), 13-04 (1), 13-05 (1),		16-04 (1)
	18-10 (3), 19-07 (1)	parpadea	11-04 (1)

109

parque	16-03 (1), 18-01 (1)
parte	10-04 (3), 11-07 (3), 16-07 (6), 17-01 (1), 17-03 (1), 17-09 (1), 18-04 (1)
pasa	11-04 (1), 13-08 (2), 15-06 (9)
pasado	14-03 (9), 15-07 (3)
pasajera	10-03 (1)
pasajero	10-03 (1)
pasajeros	10-03 (1)
pásame	9-04 (1), 10-02 (1), 10-10 (1), 12-06 (4), 13-08 (8), 16-02 (2), 17-03 (1), 17-04 (1), 17-08 (1)
pasan	17-01 (1)
pasaporte	9-07 (3), 12-03 (2), 13-10 (2)
pasar	17-06 (1)
pasatiempo	17-08 (2)
páseme	9-07 (1), 17-09 (1)
pasen	9-04 (1), 16-02 (2)
pasó	14-01 (4), 15-05 (2)
pasta	10-07 (1), 13-07 (1), 18-10 (1)
pastel	18-10 (1)
pastilla	13-07 (1)
pasto	13-02 (2), 18-09 (1)
pastor	19-04 (1)
pata	11-06 (1)
patinaje	19-05 (1)
pato	18-08 (1)
Paula	10-01 (15)
pavo	18-08 (1)
payaso	11-06 (4), 19-04 (1)
paz	10-02 (1), 12-02 (2), 14-09 (1), 16-08 (1)
peatón	11-07 (2)
peces	9-01 (2), 17-03 (1)
pedal	19-01 (3)
pedales	19-08 (1)
pedazo	9-02 (2), 11-01 (3), 11-09 (4), 18-01 (1)
pedazos	11-09 (2), 13-04 (1)
pedir	9-04 (1), 16-02 (2), 17-08 (1), 17-09 (1)
Pedro	17-03 (1), 17-07 (1)
pega	15-03 (2)
pegado	11-01 (1), 11-02 (1)
pegando	11-02 (3)
pegará	11-02 (2)
pego	17-09 (1)
peina	10-05 (4), 12-04 (2)
peinado	17-04 (1)
peinarse	10-07 (1), 13-10 (2)
peine	10-07 (1)
Pekín	16-04 (1)

pela	12-07 (2)
pelando	12-07 (1), 13-04 (1)
pelean	14-09 (1)
película	17-07 (1)
películas	17-10 (1)
peligroso	12-10 (2)
pelo	9-03 (4), 10-05 (4), 10-07 (1), 11-04 (1), 12-01 (2), 12-04 (2), 12-09 (2), 13-01 (2), 13-04 (1), 13-07 (2), 13-10 (2), 15-03 (1), 17-04 (1), 17-06 (1), 17-09 (1), 18-02 (1), 18-04 (1)
pelota	9-07 (2), 11-05 (1), 12-09 (2), 15-03 (4), 17-01 (1)
peluquería	13-04 (1), 18-05 (1)
peluquero	19-04 (1)
pellizca	11-04 (1)
península	19-02 (1)
pensaba	16-10 (1), 17-03 (1), 17-08 (1)
pensaban	17-08 (1)
pensando	9-05 (17), 17-10 (1)
pensar	17-04 (1), 17-06 (1), 17-07 (1)
pensé	17-02 (1), 17-04 (1)
pentágono	19-10 (1)
peor	17-08 (1)
Pepe	17-08 (1)
pepinos	19-07 (1)
pequeña	13-09 (3), 17-06 (1)
pequeñas	10-08 (2), 16-10 (1)
pequeño	13-09 (1), 16-10 (2), 17-06 (1)
pequeños	17-10 (1)
peras	19-07 (1)
perdí	14-01 (1)
perdido	11-01 (1), 13-10 (4), 14-01 (4), 17-07 (1), 17-10 (1)
perdiendo	17-08 (2)
perdió	14-01 (3)
perdiste	17-05 (1)
perdóname	9-04 (1), 13-06 (4)
perdonar	17-02 (1)
perdóneme	9-04 (3), 10-02 (2), 10-10 (3), 11-01 (1), 11-07 (1), 12-03 (3), 13-06 (4), 17-03 (1)
perenne	18-09 (1)
Pérez	17-09 (1)
perforadora	19-09 (1)
perfume	10-07 (1)
perímetro	19-10 (1)
periódico	12-03 (1), 12-08 (1), 12-09 (2), 13-03 (5), 13-04 (1), 17-05 (1)
periódicos	13-04 (1)

permite	17-10 (1)	pesos	12-03 (1), 13-03 (8), 17-09 (1),
permitido	16-05 (4)		17-10 (1)
pero	9-01 (3), 9-03 (1), 9-05 (3), 9-07 (4),	petrolero	17-10 (1)
	9-10 (2), 10-09 (2), 10-10 (1),	pez	12-10 (1), 18-08 (1)
	11-02 (1), 11-03 (1), 11-05 (1),	piano	9-10 (1), 14-05 (1), 18-01 (1)
	11-06 (1), 11-09 (1), 12-01 (2),	picante	14-02 (1)
	12-04 (1), 13-01 (2), 13-03 (2),	picantes	14-02 (1)
	13-06 (4), 14-05 (10), 14-09 (2),	pide	9-10 (3), 12-02 (1), 13-08 (9),
	15-06 (1), 15-09 (1), 16-01 (1),		14-08 (1)
	16-03 (1), 16-04 (2), 16-09 (4),	pidió	13-08 (8)
	16-10 (5), 17-01 (2), 17-05 (2),	pie	14-04 (1), 16-10 (1), 17-02 (1),
	17-07 (1), 17-08 (3), 17-09 (2),		17-03 (1), 18-04 (1)
	17-10 (4)	piedra	9-03 (2), 14-06 (3)
perpendiculares	19-10 (1)	piensa	9-08 (1), 10-01 (1), 10-04 (1),
perrito	17-04 (1), 17-09 (1)		13-07 (1)
perro	9-03 (2), 11-06 (4), 12-07 (1),	pienso	16-10 (3)
	12-08 (2), 17-03 (1), 17-06 (1),	pierna	14-08 (2)
	17-08 (1), 18-08 (1), 18-10 (1)	piernas	11-04 (3), 17-08 (1), 18-04 (1)
perros	12-01 (1), 17-01 (1), 17-05 (1),	pies	12-09 (2), 13-01 (3)
	17-10 (1)	piezas	9-01 (2), 14-01 (2)
persona	9-01 (3), 9-03 (4), 10-02 (1),	pijamas	10-07 (2)
	10-03 (6), 11-03 (4), 11-06 (1),	pilas	18-02 (1)
	11-07 (1), 11-08 (2), 12-01 (4),	píldora	14-08 (1)
	12-03 (1), 12-04 (5), 12-05 (4),	piloto	10-03 (2), 19-04 (1)
	12-10 (2), 13-01 (4), 13-06 (12),	pimienta	9-04 (2), 13-08 (1), 16-02 (2),
	13-08 (8), 14-02 (4), 14-03 (8),		18-10 (1), 19-03 (1)
	14-04 (5), 14-08 (2), 15-03 (2),	pimientos	19-07 (1)
	15-06 (2), 16-08 (23), 16-09 (4),	ping-pong	19-05 (1)
	17-06 (1)	pino	18-09 (1)
personal	16-05 (2)	pintado	11-09 (1)
personas	9-01 (10), 9-05 (4), 10-03 (5),	pintados	11-09 (1)
	11-03 (14), 11-05 (2), 11-08 (1),	pintor	16-08 (2)
	11-10 (1), 12-01 (1), 12-08 (1),	pintura	15-03 (2), 17-04 (1)
	13-01 (2), 13-04 (3), 13-06 (4),	pinza	10-04 (3)
	14-03 (4), 14-04 (4), 14-09 (8),	piña	13-05 (1)
	15-04 (4), 16-02 (1), 16-03 (3),	piñas	18-09 (1), 19-07 (1)
	16-10 (1), 17-01 (1)	pirámide	18-05 (1)
Perú	10-08 (1), 18-07 (1)	pirulí	12-07 (2)
pesa	9-09 (3), 10-09 (4), 12-04 (1),	pisándole	17-03 (1)
	14-08 (2)	pisapapeles	19-09 (1)
pesada	17-09 (1)	piscina	9-02 (1), 11-08 (4), 18-01 (1)
pesado	17-06 (1), 17-07 (1), 17-10 (1)	piso	10-07 (1), 11-10 (2), 14-05 (2),
pesando	13-05 (2)		17-02 (1), 18-03 (1)
pesar	14-10 (5), 17-10 (1)	pista	10-03 (1)
pesarla	14-08 (1)	pistolas	14-09 (1)
pesas	19-05 (1)	pito	12-05 (2)
pesca	17-02 (1), 17-08 (1)	pizarra	12-06 (1), 15-08 (5), 18-01 (1)
pescado	17-01 (1)	pizza	18-10 (1)
pescar	9-05 (2)	placa	19-01 (1)
pescaste	17-03 (1)	plan	17-08 (1)
pescó	17-03 (1)	plancha	10-04 (1), 18-02 (1)
peso	10-08 (2), 17-05 (1), 17-07 (1)	planchando	10-07 (3)

111

planeamos	17-10 (1)	poniendo	13-04 (1), 13-05 (4), 14-04 (1),
planeta	13-09 (3), 17-08 (1)		14-10 (3), 15-05 (1), 17-06 (1),
planos	11-09 (1), 17-07 (1)		17-10 (1)
planta	18-05 (1)	poquito	10-10 (1)
plantarlo	17-02 (1), 17-06 (1)	por	9-02 (12), 9-04 (7), 9-07 (2), 9-09 (2),
plantas	12-10 (2), 13-03 (2), 18-05 (2),		9-10 (4), 10-02 (3), 10-03 (1),
	18-09 (1)		10-09 (4), 10-10 (1), 11-01 (7),
plástico	14-06 (2)		11-04 (1), 11-07 (5), 12-03 (8),
plata	19-03 (1)		12-06 (10), 12-07 (1), 12-08 (5),
plato	10-05 (6), 13-09 (2), 16-02 (2),		13-01 (1), 13-06 (4), 13-07 (1),
	19-03 (1)		13-08 (8), 14-07 (4), 14-08 (1),
platos	10-06 (4), 14-05 (1), 15-10 (2),		14-10 (2), 15-06 (4), 15-08 (2),
	17-07 (1)		15-09 (1), 15-10 (5), 16-02 (10),
playa	11-08 (1), 16-10 (2)		16-03 (1), 16-04 (3), 16-05 (1),
plomero	17-09 (1)		16-06 (1), 16-07 (4), 16-08 (1),
pocas	13-09 (1)		16-09 (2), 16-10 (6), 17-02 (1),
poco	9-03 (8), 10-09 (1), 13-06 (4),		17-03 (6), 17-04 (2), 17-05 (3),
	15-08 (2), 16-06 (1), 17-01 (1),		17-06 (6), 17-07 (4), 17-08 (5),
	17-03 (2), 17-05 (1), 17-07 (3),		17-09 (2), 17-10 (8)
	17-08 (2), 17-09 (1)	porcentaje	19-10 (1)
podemos	13-01 (39), 16-06 (1), 17-07 (1)	porque	9-02 (4), 9-08 (2), 9-10 (4), 11-05 (1),
poder	17-10 (1)		12-08 (4), 12-09 (11), 13-01 (8),
podía	12-10 (1)		13-10 (1), 14-04 (2), 14-05 (4),
podrá	17-08 (1)		14-10 (3), 15-01 (3), 16-07 (4),
podrán	13-09 (1)		16-10 (9), 17-08 (1), 17-10 (1)
podría	12-09 (13), 13-06 (8), 16-09 (2)	portátil	18-02 (1)
podríamos	17-01 (1)	Portugal	16-07 (1), 18-07 (1)
podrías	13-06 (8)	portugués	16-07 (1)
podrida	11-09 (2), 17-10 (1)	posibilidad	16-09 (2)
poesía	12-08 (1), 16-08 (1)	posible	11-10 (1), 16-09 (9)
polar	19-02 (1)	positivo	19-10 (1)
policía	11-01 (2), 11-07 (2), 16-05 (5),	posterior	18-04 (1)
	17-08 (2), 18-05 (1), 19-04 (1),	postre	14-10 (2), 16-02 (1)
	19-08 (1)	postres	16-02 (2)
político	16-08 (2)	potencia	17-08 (1)
polo	19-02 (1), 19-05 (1)	pozo	17-10 (1)
Polonia	18-07 (1)	practicar	14-05 (1)
Polo Norte	19-02 (1)	prado	18-09 (1)
Polo Sur	19-02 (1)	precio	10-08 (1)
pollo	18-08 (1), 18-10 (1)	precioso	17-06 (1)
pollos	17-07 (1)	preferiría	14-05 (4), 16-10 (1),
pone	9-09 (5), 10-01 (5), 10-04 (9),		17-04 (1)
	10-06 (8), 10-07 (5), 11-05 (4),	preferirías	14-05 (2), 16-10 (4)
	11-07 (1), 12-04 (4), 13-04 (1),	prefiero	16-10 (3)
	13-05 (8), 13-07 (10), 14-08 (2),	pregunta	11-01 (3), 13-06 (4), 13-08 (4),
	17-02 (1)		13-10 (1), 14-08 (1)
ponen	14-04 (1)	preguntarte	17-07 (1)
ponerle	14-08 (1)	pregunté	13-06 (4), 17-07 (1)
ponerlo	17-10 (1)	prende	10-01 (1), 10-04 (1)
ponerse	9-08 (1)	prendida	17-09 (1)
pongas	17-04 (1)	preocupada	15-01 (1), 17-08 (1)
pongo	17-10 (1)	preocupado	15-01 (1)

preocuparse	17-01 (1)	puede	9-04 (2), 9-08 (4), 9-10 (20),
preocuparte	17-07 (1)		10-02 (1), 10-10 (3), 11-01 (1),
preocupes	17-10 (1)		11-07 (1), 11-08 (2), 12-01 (1),
preparada	13-04 (2)		12-02 (5), 12-03 (4), 12-09 (8),
preparar	13-04 (1)		12-10 (6), 13-06 (2), 13-09 (2),
presentarse	11-03 (2)		13-10 (1), 14-03 (1), 14-05 (5),
presente	14-03 (3)		14-10 (4), 16-01 (2), 16-05 (1),
presento	10-02 (2)		16-10 (1), 17-01 (1), 17-03 (1),
presión	13-07 (1), 14-08 (2)		17-04 (2), 17-06 (2), 17-07 (1),
prestar	17-09 (2)		17-08 (2), 17-09 (1), 17-10 (1)
prestas	17-09 (1)	pueden	9-04 (1)
presupuesto	17-10 (1)	puedes	9-04 (2), 11-01 (1), 14-05 (4),
primaria	15-05 (1)		17-02 (2), 17-04 (1), 17-05 (1),
primavera	16-10 (1)		17-10 (1)
primer	15-07 (2), 17-04 (1), 17-10 (1)	puedo	9-04 (1), 9-10 (1), 10-02 (1),
primera	11-01 (1), 11-10 (1), 15-02 (1),		11-01 (2), 16-10 (1), 17-02 (1),
	16-04 (2), 17-05 (1), 17-10 (1)		17-04 (2), 17-06 (1), 17-07 (2),
primero	15-07 (2), 17-01 (1)		17-09 (1), 17-10 (1)
príncipe	15-04 (1)	puente	9-02 (1), 17-08 (1), 18-05 (1)
principiante	17-02 (1)	puerta	9-10 (4), 10-01 (4), 10-03 (1),
principios	16-04 (1)		10-04 (2), 11-01 (1), 11-05 (8),
probable	16-09 (2)		11-08 (6), 13-05 (1), 13-07 (1),
probablemente	11-08 (1)		15-06 (2), 15-10 (4), 16-03 (3),
probándose	13-04 (2)		17-05 (1), 18-03 (1)
probaremos	17-10 (1)	pues	17-02 (1), 17-05 (2), 17-07 (1),
probarlo	10-10 (1)		17-10 (1)
probemos	16-02 (1)	puesta	16-06 (1)
problema	9-05 (1), 11-10 (2), 12-02 (3),	puesto	14-10 (3), 17-06 (1)
	14-07 (2), 15-08 (4), 17-03 (1),	pulgar	18-04 (1)
	17-06 (2), 17-08 (1), 17-09 (1)	pulmones	18-04 (1)
problemas	17-09 (1)	pulsera	11-08 (2), 13-03 (2), 16-06 (1),
profesor	15-05 (1), 16-08 (1), 19-04 (1)		18-06 (1)
profesora	12-02 (2), 12-06 (1), 13-08 (2)	pulso	14-08 (3)
programa	12-02 (4), 16-03 (1)	punta	15-08 (1)
prohibido	16-05 (8)	punto	13-08 (1), 14-10 (1), 16-06 (1),
pronto	10-10 (1), 11-07 (1), 17-03 (2),		17-01 (1), 17-10 (1)
	17-06 (1), 17-07 (1)	puñetazo	11-04 (1)
pronuncie	17-09 (1)	puño	18-04 (1)
propina	16-02 (1)	puso	17-10 (1)
propósito	17-10 (1)	que	9-01 (2), 9-06 (3), 9-07 (4), 9-08 (2),
proteger	14-09 (2)		10-03 (2), 10-04 (4), 10-08 (8),
protegerse	14-09 (2)		10-09 (4), 10-10 (1), 11-01 (3)…
provincia	16-07 (1)	qué	9-02 (19), 9-04 (2), 9-05 (4), 9-08 (5),
provocarlo	17-01 (1)		9-11 (7), 10-03 (2), 10-10 (1),
próximo	15-07 (1)		10-11 (2), 12-01 (7), 12-02 (4)…
proyector	18-01 (1)	queda	10-04 (4), 13-09 (4), 17-03 (1)
prueba	14-02 (5), 14-08 (1)	quedaría	14-05 (1)
pública	11-01 (1)	quedarme	17-10 (2)
publicitario	17-07 (1)	quedarse	14-05 (1), 17-04 (1)
público	17-09 (1)	quedarte	14-05 (1)
pueblo	14-09 (1), 16-10 (2), 17-08 (1)	quejes	17-08 (1)
puedan	16-09 (1)	quemada	11-09 (1)

quemé	11-09 (1)	Raúl	10-10 (2), 17-01 (1), 17-06 (1)
queremos	9-07 (1)	rayas	17-10 (1)
querías	17-04 (1)	razón	16-10 (1), 17-07 (1), 17-10 (1)
querida	17-07 (1)	Reagan	15-04 (1)
queridos	17-07 (1)	real	9-05 (4), 16-09 (3)
queso	18-10 (1)	reales	16-09 (1)
quién	9-02 (9), 10-02 (1), 12-08 (5),	realidad	17-07 (1), 17-10 (1)
	13-01 (3), 13-10 (2), 17-02 (1),	realmente	16-10 (3)
	17-05 (1), 17-06 (1), 17-07 (1)	rebotar	15-03 (2)
quiénes	9-01 (4)	receta	14-08 (3)
quieran	17-07 (1)	recibe	9-10 (1), 13-07 (1), 14-08 (1)
quiere	9-07 (14), 9-08 (2), 11-01 (1),	recibí	17-05 (1)
	12-02 (2), 12-03 (1), 12-08 (4),	recibió	13-08 (4)
	13-07 (2), 14-05 (8), 16-03 (1),	recibo	13-05 (1)
	17-06 (1), 17-09 (1)	reciente	14-03 (2)
quieren	9-07 (2), 15-01 (1), 16-02 (2)	recipiente	9-01 (1), 11-07 (1)
quieres	9-02 (1), 9-04 (1), 10-10 (1),	recipientes	9-01 (5)
	11-01 (1), 15-10 (1), 16-03 (1),	recoge	11-01 (1), 12-06 (2), 13-07 (1)
	17-04 (1), 17-06 (1)	recomienda	16-02 (1)
quiero	9-02 (1), 9-07 (1), 12-08 (2),	recomiendo	16-02 (1)
	14-05 (5), 15-10 (1), 16-03 (2),	récord	17-04 (1)
	17-03 (1), 17-08 (1), 17-09 (1)	recta	11-09 (2), 14-07 (5), 19-10 (1)
química	18-01 (1)	rectángulo	19-10 (1)
quince	10-09 (1), 17-08 (1)	recto	19-10 (1)
quinto	17-02 (1)	recuperaríamos	17-02 (1)
quiosco	13-04 (1)	reflejos	14-08 (1)
quita	11-01 (1)	refrescante	17-06 (1)
quitar	11-01 (1)	regala	16-03 (1)
quito	11-01 (1)	regañes	17-03 (1)
rábanos	19-07 (1)	registradora	13-05 (4), 19-09 (1)
racimo	13-05 (2)	registrando	10-03 (1)
radiador	19-01 (1)	regla	10-08 (2), 15-08 (2), 18-01 (1)
radio	14-07 (1), 18-02 (1), 19-01 (1),	reglas	12-08 (1)
	19-10 (1)	regulable	19-06 (1)
radiocasete	18-02 (1)	reina	16-04 (1), 16-08 (1)
radiografías	14-08 (1), 17-03 (1)	relaja	15-05 (2)
raíces	18-09 (1)	relajada	15-01 (1)
raíz	19-10 (1)	relajado	15-01 (1)
rama	18-09 (1)	relajando	15-05 (1)
Ramírez	9-04 (1), 17-08 (1)	relajarán	17-05 (1)
Ramón	17-03 (1), 17-10 (1)	relajarse	17-08 (1)
rana	18-08 (1)	relajarte	17-06 (1)
rápidamente	11-07 (1)	religioso	16-06 (2), 16-08 (4)
rápido	12-09 (2), 16-10 (2), 17-01 (1),	reloj	10-08 (2), 10-09 (2), 11-08 (3),
	17-02 (1), 17-08 (1)		13-01 (2), 16-01 (3), 16-06 (12),
Raquel	10-10 (2)		17-01 (1), 17-09 (1), 18-02 (2)
raramente	12-01 (5)	relojes	10-09 (4)
rasca	11-04 (3)	remendando	10-07 (1)
rascacielos	11-08 (4), 12-08 (1), 18-05 (1)	remo	17-09 (1)
rastrillo	19-06 (1)	remolque	19-08 (1)
ratón	9-09 (1), 18-02 (1)	remos	19-08 (1)
ratones	17-10 (1)	remoto	13-08 (2), 18-02 (1)

114

rendido	14-01 (1)	robó	16-05 (1), 17-03 (1)
reparar	14-06 (2)	roca	17-03 (1), 19-05 (1)
reparto	19-08 (1)	rocas	11-07 (1)
repetir	13-06 (12)	rocosas	19-02 (1)
repetirlo	13-06 (4)	rodando	10-03 (1)
repite	17-04 (1)	rodilla	11-04 (1), 14-04 (1), 18-04 (1)
repito	17-05 (1)	rodillas	11-06 (1)
repollo	13-05 (2)	rodillo	19-03 (1)
repollos	19-07 (1)	roja	9-06 (4), 14-07 (4), 17-02 (1)
reportero	19-04 (1)	rojas	9-06 (4), 16-10 (1), 17-10 (1)
representa	10-09 (8)	rojo	13-08 (2), 14-07 (6), 15-09 (10),
reptil	12-08 (1), 12-10 (4), 16-09 (2)		16-10 (1)
reptiles	12-01 (1), 12-10 (2), 18-08 (1)	rojos	16-10 (2)
república	18-07 (1)	rollo	17-07 (1)
repuesto	19-01 (1)	Roma	12-08 (2), 16-07 (1)
res	13-05 (1), 18-10 (1)	romano	16-04 (1), 16-08 (2)
resbaladiza	12-02 (3)	romántica	16-03 (1)
resfriado	14-04 (3)	rompe	11-09 (2), 13-04 (1)
resolviendo	15-08 (4)	romper	10-05 (2)
respiración	14-08 (3)	rompí	11-09 (1)
responde	13-08 (3)	rompiendo	10-05 (1), 15-08 (1)
respuesta	11-10 (2), 13-06 (4), 14-07 (2),	rompió	13-10 (5)
	17-04 (1), 17-09 (1)	Ronald	15-04 (1)
resta	15-08 (1), 19-10 (1)	ropa	9-01 (2), 9-03 (4), 10-04 (22),
restaurante	13-03 (1), 13-04 (2), 16-02 (1),		11-02 (4), 11-03 (9), 12-01 (2),
	18-05 (1)		13-03 (1), 13-04 (2), 13-07 (1),
retiene	14-08 (1)		14-03 (6), 14-06 (1), 14-10 (2),
retira	12-03 (1)		15-10 (4), 16-04 (7), 17-02 (1),
retirar	12-03 (2)		18-03 (1)
retrasado	16-06 (1)	ropero	18-03 (1)
retraso	17-04 (1)	rosada	9-08 (1)
retrato	17-02 (1)	rosado	16-10 (1)
retrete	18-03 (1)	rosados	16-10 (1)
retroproyector	18-01 (1)	rosas	18-09 (1)
retrovisor	19-01 (1)	rota	11-09 (7)
revés	10-04 (3), 11-07 (1), 12-09 (1),	roto	10-05 (3), 12-06 (1)
	17-01 (1)	rubio	13-01 (1)
revista	10-10 (1), 12-08 (1)	rueda	19-01 (1)
revuelve	10-06 (1)	ruedas	9-01 (2), 11-07 (1), 17-03 (1),
rey	16-04 (1), 16-08 (1)		19-08 (2)
rica	13-06 (2)	rugby	19-05 (1)
Ricardo	17-07 (1), 17-10 (1)	ruido	12-05 (9), 14-02 (2),
rico	10-10 (1), 14-02 (1)		17-06 (1)
riéndose	12-08 (1)	ruidosamente	12-05 (1)
rinden	15-05 (1)	ruidoso	12-05 (4)
rindiendo	14-01 (1), 15-05 (2)	ruinas	12-08 (1), 16-04 (1)
rinoceronte	18-08 (1)	rusa	15-04 (1)
río	17-06 (1), 19-02 (4)	Rusia	15-04 (2), 18-07 (1)
robando	16-05 (2)	ruso	13-06 (1), 15-04 (2)
robar	16-05 (2)	ruta	16-07 (4)
Roberto	10-04 (22), 17-03 (1)	sábado	15-02 (2), 15-06 (1), 15-07 (4)
roble	18-09 (1)	sabe	9-02 (2), 11-10 (2), 14-01 (2),

	14-02 (8), 17-06 (1), 17-08 (1), 17-09 (1)
sabemos	12-08 (1), 13-01 (2), 15-07 (2), 15-08 (1)
saben	14-02 (2)
saber	13-01 (1), 16-01 (2), 16-06 (4), 17-07 (2)
sabes	16-10 (2), 17-04 (1), 17-05 (1)
sabía	17-10 (1)
sabré	17-07 (1)
saca	10-01 (2), 10-04 (1), 12-02 (1), 13-05 (4), 13-07 (4), 14-08 (1), 15-03 (2)
sacacorchos	19-03 (1)
sacando	15-08 (1)
sacar	11-01 (2)
sacaría	14-05 (1)
sacarle	14-08 (1)
sacerdote	19-04 (1)
sacude	15-03 (1)
sal	13-08 (2), 14-02 (2), 16-02 (2), 17-08 (1), 18-10 (1)
sala	11-03 (1), 14-08 (1), 18-03 (1)
salada	14-02 (1)
saladas	18-10 (1)
salado	14-02 (1)
salario	17-06 (1)
sale	10-03 (4), 11-05 (7), 13-05 (1), 13-07 (1), 16-06 (1)
salero	19-03 (1)
salga	10-03 (1)
salgan	12-06 (1)
salí	17-09 (1), 17-10 (1)
salida	15-09 (1), 16-06 (1)
salir	11-10 (2), 17-06 (1)
salón	15-05 (1), 18-01 (1)
salsa	18-10 (1)
salta	12-06 (1)
saltado	14-10 (4)
saltando	9-01 (2)
saltar	12-06 (2), 13-09 (2), 15-06 (1)
saltará	14-10 (2)
salto	19-05 (2)
saluda	11-04 (1)
saludan	11-04 (1)
salvaje	12-10 (4)
Sánchez	17-10 (1)
sandalias	18-06 (1)
sandías	19-07 (1)
Sandra	17-03 (1)
sangre	14-08 (2)
Santiago	9-04 (1)

San Francisco	16-04 (1), 16-07 (2)
sapos	12-10 (1)
sáquese	17-02 (1)
Sara	10-06 (4)
sartén	13-04 (1), 19-03 (1)
sastre	19-04 (1)
satisfecho	17-05 (1)
se	9-02 (8), 9-03 (2), 9-05 (1), 9-07 (5), 9-08 (2), 10-01 (3), 10-02 (2), 10-05 (9), 10-06 (7), 10-07 (17), 10-08 (16), 10-10 (1), 10-11 (5), 11-01 (3), 11-02 (19), 11-03 (7), 11-04 (14), 11-05 (13), 11-08 (4), 11-11 (2), 12-01 (3), 12-02 (1), 12-04 (15), 12-06 (1), 12-08 (2), 12-09 (3), 12-11 (1), 13-02 (4), 13-04 (1), 13-05 (2), 13-06 (2), 13-07 (5), 13-10 (15), 13-11 (2), 14-01 (1), 14-02 (6), 14-03 (8), 14-04 (5), 14-05 (3), 14-06 (14), 14-09 (5), 14-10 (6), 14-11 (10), 15-03 (4), 15-05 (3), 15-06 (2), 15-07 (2), 15-08 (8), 15-10 (8), 16-01 (6), 16-03 (5), 16-04 (15), 16-06 (2), 16-08 (2), 16-09 (12), 16-10 (2), 16-11 (3), 17-01 (3), 17-02 (2), 17-03 (3), 17-06 (5), 17-07 (2), 17-08 (3), 17-09 (4), 17-10 (2)
sé	9-02 (5), 12-08 (1), 13-06 (8), 16-10 (2), 16-11 (1), 17-01 (1), 17-07 (1), 17-09 (1)
sea	17-09 (1)
seas	16-10 (1)
seca	10-01 (1), 10-04 (1), 10-06 (2), 10-07 (1), 12-09 (1), 15-03 (2)
secador	18-02 (1)
secadora	10-04 (4)
secar	12-09 (1)
secarse	11-02 (2)
seco	12-09 (2)
secos	12-09 (2)
secretaria	13-08 (1), 19-04 (1), 19-09 (1)
secreto	17-07 (1)
secundaria	15-05 (1)
segmento	14-07 (4)
seguía	16-07 (2)
segunda	11-01 (1)
segundero	16-06 (1)
segundo	15-02 (1), 16-06 (1)
segundos	10-09 (2)

segura	17-03 (1), 17-04 (1)		11-11 (3), 12-03 (3), 12-04 (2),
seguramente	16-09 (4)		13-01 (3), 15-10 (2), 16-03 (1),
seguridad	19-01 (1)		16-10 (11), 17-02 (2), 17-05 (2),
seguro	17-01 (1), 17-07 (1), 17-08 (1),		17-06 (1), 17-07 (2), 17-08 (1),
	17-09 (2)		17-10 (1)
seis	10-09 (4), 15-09 (1), 16-01 (1),	sido	17-06 (1)
	17-04 (1), 17-06 (1), 17-10 (2)	siempre	9-07 (2), 12-01 (4), 17-01 (1),
semáforo	11-07 (1)		17-02 (1), 17-07 (1), 17-08 (1),
semana	15-02 (5)		17-10 (1)
semanas	10-09 (1), 11-01 (1)	sienta	12-01 (3)
semillas	18-09 (1)	siéntate	10-02 (1)
sentada	12-09 (1), 14-08 (2)	siente	9-02 (1), 14-02 (8), 14-04 (4),
sentadas	12-08 (1)		17-03 (1), 17-06 (1)
sentado	11-06 (6), 12-01 (1), 17-01 (1)	siéntese	17-06 (1)
sentados	10-03 (1)	siento	9-10 (1), 10-02 (2), 11-09 (4),
sentar	12-08 (2)		16-01 (1), 16-02 (2), 17-01 (1),
sentarse	12-09 (1)		17-05 (1)
sentía	17-07 (1)	sierra	19-06 (2)
sentir	12-01 (1)	siete	16-01 (3)
señal	11-07 (7), 12-02 (8), 12-08 (1),	siglo	10-09 (3), 16-04 (2)
	15-04 (2), 17-03 (1), 17-06 (1)	siglos	10-09 (2)
señala	9-08 (1), 12-04 (5), 15-09 (20)	significa	11-07 (8), 12-02 (16)
señor	9-04 (4), 16-02 (1), 17-01 (1),	signo	13-08 (1)
	17-03 (1), 17-04 (1), 17-05 (1),	sigue	13-02 (3), 16-07 (2)
	17-06 (1), 17-07 (2), 17-08 (1),	siguen	13-02 (2)
	17-09 (1), 17-10 (2)	silbatos	17-03 (1), 17-04 (1)
señora	9-04 (3), 16-02 (1), 17-01 (1),	silenciador	19-01 (1)
	17-10 (1)	Silva	9-02 (1)
señores	17-06 (1)	silla	9-10 (2), 11-07 (1), 12-02 (1),
señorita	11-01 (1)		12-08 (2), 12-09 (3), 13-02 (1),
separado	15-09 (1)		14-05 (1), 19-08 (1), 19-09 (1)
septiembre	15-02 (2), 17-09 (1)	sillas	12-08 (1), 14-06 (1)
ser	14-03 (1), 14-10 (2), 16-10 (1),	sillón	18-03 (1)
	17-01 (1), 17-04 (1), 17-06 (1),	símbolo	12-02 (4), 13-08 (2), 15-04 (1)
	17-07 (1), 17-09 (1), 18-08 (1)	simplemente	17-09 (1), 17-10 (1)
será	14-03 (2), 15-07 (2)	sin	12-05 (1), 15-09 (1), 17-01 (1),
sería	16-10 (1)		17-06 (3)
serie	18-05 (1)	sinagoga	18-05 (1)
serrucho	13-08 (2), 19-06 (1)	síntomas	17-08 (1)
servicio	17-05 (1)	sirena	18-08 (1)
servilleta	19-03 (1)	sirve	13-04 (1), 17-06 (1)
servir	17-09 (1), 19-03 (1)	sistema	15-07 (10), 16-08 (1)
sesenta	10-09 (2)	sistemas	15-07 (1)
setenta	12-08 (1), 17-10 (1)	sitio	17-09 (1), 17-10 (1)
si	9-08 (4), 12-09 (20), 12-11 (2),	situación	17-07 (1)
	13-01 (2), 15-07 (1), 16-06 (4),	sobra	13-09 (1)
	16-11 (4), 17-01 (2), 17-03 (2),	sobran	13-09 (5)
	17-05 (1), 17-06 (6), 17-07 (1),	sobrará	13-09 (1)
	17-08 (1), 17-09 (2), 17-10 (1)	sobrarán	13-09 (1)
sí	9-04 (1), 9-05 (6), 9-10 (1), 9-11 (4),	sobre	10-01 (7), 10-06 (1), 11-04 (2),
	10-02 (1), 10-04 (1), 10-10 (3),		12-06 (2), 12-09 (1), 13-02 (3),
	11-01 (2), 11-07 (1), 11-08 (22),		14-08 (1), 16-08 (1), 16-10 (1),

	17-01 (1), 17-06 (1), 17-10 (1), 19-05 (2)
sobres	10-01 (1), 10-10 (1)
sofá	9-10 (5), 18-03 (1)
soga	14-07 (1), 19-06 (1)
sol	9-10 (2), 11-08 (2), 12-01 (1), 12-04 (1), 13-07 (2), 16-01 (5), 16-06 (7), 16-10 (1)
sola	9-10 (5), 11-01 (1), 12-04 (1)
solamente	10-08 (1), 13-06 (9), 15-09 (2), 16-03 (1), 16-04 (4), 17-02 (1), 17-03 (3), 17-04 (2), 17-05 (1), 17-07 (1), 17-10 (3)
solar	16-08 (1)
soldaditos	14-09 (1)
soldado	14-09 (2), 16-04 (2), 19-04 (1)
soldados	14-09 (3), 15-04 (1), 16-04 (4)
solo	9-10 (4), 11-06 (4), 13-09 (2)
sólo	9-08 (2), 10-10 (1), 13-01 (2), 16-03 (1), 17-01 (1), 17-03 (1), 17-06 (1), 17-08 (1), 17-10 (1)
solos	12-04 (1), 17-07 (1)
soltando	17-07 (1)
soltar	17-08 (1)
soltó	11-08 (4)
solucionas	17-08 (1)
sombrero	9-08 (2), 13-03 (1), 13-06 (2), 14-10 (3), 17-03 (1), 18-06 (1)
sombreros	13-06 (10)
sombrilla	16-01 (1)
son	9-01 (31), 9-04 (2), 9-06 (1), 10-03 (1), 10-09 (2), 10-10 (1), 11-09 (1), 12-01 (3), 12-03 (4), 12-08 (6), 12-10 (4), 13-04 (2), 13-08 (1), 14-04 (2), 14-06 (4), 14-09 (4), 14-10 (2), 15-04 (4), 16-01 (9), 16-03 (3), 16-05 (1), 16-06 (8), 16-07 (4), 16-09 (1), 16-10 (2), 17-01 (3), 17-03 (1), 17-05 (1)
sonándose	14-04 (1)
sonido	12-05 (4), 14-02 (4)
sonidos	12-05 (2), 17-07 (1)
soñando	9-05 (9)
sopa	14-02 (3), 14-06 (1), 18-10 (1)
sopla	12-07 (2)
soplando	12-07 (1)
sorbos	12-07 (3)
sorprendida	11-08 (2), 15-01 (1)
sorprendido	11-08 (2), 15-01 (1)
sorprendidos	17-08 (1)
sosteniendo	13-02 (1)

sostiene	13-02 (3), 15-06 (2)
sótano	18-03 (1)
soviética	16-07 (1)
soy	10-10 (4), 17-06 (1)
Sr.	17-10 (1)
station	19-08 (1)
su	9-02 (1), 9-03 (2), 9-10 (4), 10-02 (2), 10-03 (1), 10-04 (2), 10-10 (1), 11-01 (2), 11-03 (2), 11-04 (2), 11-05 (2), 11-07 (2), 12-02 (1), 12-03 (2), 12-04 (3), 12-06 (2), 12-08 (1), 12-09 (1), 13-01 (2), 13-06 (4), 13-07 (11), 13-10 (10), 14-01 (1), 14-05 (5), 14-08 (6), 15-03 (4), 15-08 (1), 16-02 (2), 16-03 (1), 17-01 (2), 17-02 (1), 17-04 (2), 17-05 (1), 17-06 (2), 17-07 (1), 17-08 (1), 17-09 (3), 17-10 (2)
suave	12-05 (1), 14-02 (2)
suavemente	12-05 (1)
suaves	12-05 (1)
sube	11-03 (2), 11-05 (2)
suben	11-07 (2), 12-01 (4)
subido	11-02 (1)
subiendo	11-02 (1), 17-02 (1)
subió	17-07 (1)
subir	10-03 (1), 11-10 (2), 12-09 (2), 16-10 (1), 17-10 (1)
subirán	11-02 (2)
submarino	16-10 (1), 19-08 (1)
sucia	10-01 (1), 10-04 (2)
sudadera	18-06 (1)
Sudáfrica	15-04 (1), 18-07 (1)
sudafricano	15-04 (1)
sudeste	15-09 (1)
sudoeste	15-09 (1)
Suecia	18-07 (1)
suelo	14-10 (2)
suelta	11-05 (2), 13-02 (2), 15-03 (3), 17-03 (1)
sueltes	12-06 (1)
suena	9-09 (1), 17-03 (1), 17-04 (1), 17-10 (1)
suerte	17-02 (1)
suéter	18-06 (1)
Suez	16-07 (2), 19-02 (1)
suficiente	13-09 (1), 17-08 (1)
suficientes	13-09 (2)
Suiza	10-08 (1), 18-07 (1)
sujeta	9-09 (1)
sujetapapeles	9-09 (1), 19-09 (1)

suma	15-08 (8), 19-10 (1)	tarea	12-02 (3), 14-05 (6), 17-02 (1)
suman	15-08 (9)	tareas	15-10 (2)
superior	13-01 (2)	tarjeta	12-03 (3), 17-07 (1),
supermercado	9-02 (1), 10-03 (1), 13-03 (2),		17-10 (1)
	13-04 (1), 13-05 (2), 18-05 (1)	tarro	11-10 (2), 15-10 (5)
supongo	17-05 (1), 17-06 (1), 17-09 (1)	taxi	10-03 (1), 16-10 (1), 17-09 (1),
supuesto	16-10 (1)		19-08 (1)
sur	15-09 (2), 19-02 (1)	taza	10-06 (1), 10-08 (2), 11-09 (1),
surf	19-05 (1)		13-10 (5), 14-05 (2), 17-02 (2),
surtidor	11-07 (1)		19-03 (3)
sus	11-01 (1), 12-04 (1), 13-07 (1),	tazón	19-03 (2)
	15-01 (1), 15-10 (2), 16-02 (2),	te	9-02 (1), 9-04 (1), 9-06 (4), 9-11 (1),
	16-03 (1), 17-03 (1), 17-07 (1),		10-02 (2), 11-01 (1), 13-05 (1),
	17-08 (1), 17-10 (1)		16-03 (6), 16-10 (28), 16-11 (3),
Susana	9-02 (1), 9-04 (1), 10-02 (4)		17-01 (1), 17-03 (1), 17-04 (2),
susurra	12-05 (1)		17-05 (2), 17-06 (5), 17-07 (4),
susurrando	12-05 (2), 14-02 (2)		17-08 (1), 17-09 (2), 17-10 (5)
susurro	12-05 (1)	té	18-10 (1), 19-03 (1)
suyas	9-04 (2)	teatral	11-03 (1)
suyo	9-04 (1)	teclado	18-02 (1)
swahili	16-07 (1)	teclea	9-09 (2)
tabla	14-07 (3), 19-03 (1)	técnico	19-04 (2)
tablero	19-09 (1)	techo	12-09 (2), 18-03 (1), 19-01 (1)
tablilla	14-04 (1), 14-08 (2)	tela	9-01 (1), 10-05 (4), 11-09 (2),
taburete	18-03 (1)		14-06 (3)
tacaño	17-03 (1)	telas	9-01 (1)
tacones	18-06 (1)	teléfono	9-09 (8), 10-02 (4), 10-10 (3),
tachuela	19-09 (1)		13-08 (3), 16-08 (1), 17-05 (2),
tajada	17-09 (1)		18-02 (1), 19-09 (2)
tal	16-10 (1), 17-07 (1)	televisión	12-02 (2), 14-05 (7), 16-03 (1),
taladro	19-06 (2)		17-02 (1), 17-09 (1)
talón	18-04 (1)	televisor	13-03 (4), 13-07 (1), 18-02 (1)
talla	11-10 (2), 13-09 (4)	tema	17-08 (1)
taller	17-07 (1)	temblando	14-04 (1)
tamaño	9-01 (1), 9-03 (2), 12-01 (2),	temperatura	10-08 (2), 10-09 (2), 12-08 (2),
	17-05 (1)		14-08 (2)
tamaños	9-01 (1)	templo	18-05 (1)
también	16-03 (1), 16-07 (1), 16-10 (3),	temprano	16-06 (5), 17-06 (1)
	17-02 (1)	ten	9-04 (2), 12-06 (5)
tambor	12-05 (2), 17-03 (1)	tendedero	10-04 (2)
tamborilea	11-04 (1)	tender	10-04 (1)
tampoco	9-07 (2), 16-10 (3), 17-01 (1)	tendido	19-04 (1)
tan	16-10 (1), 17-03 (1), 17-09 (1)	tendremos	17-03 (1), 17-09 (1)
tanque	13-07 (1), 19-01 (1)	tendría	12-09 (2), 16-10 (1)
tanques	16-04 (1)	tenedor	10-06 (1), 11-09 (2), 16-02 (2),
tanta	17-04 (1)		19-03 (1)
tanto	15-07 (1), 17-08 (1)	tenedores	13-09 (2)
tapa	10-04 (3), 10-05 (2), 17-05 (1),	tenemos	17-04 (1), 17-09 (1)
	19-01 (1)	tener	13-06 (2), 17-06 (1), 17-08 (1)
tapacubos	19-01 (1)	tenerlo	17-08 (1)
tarde	16-01 (3), 16-06 (5), 17-04 (1),	tenga	9-04 (1), 11-07 (1), 12-06 (1),
	17-06 (1), 17-10 (1)		17-03 (1)

tengo	10-01 (1), 11-01 (1), 13-06 (2), 13-10 (4), 14-04 (1), 16-01 (1), 16-02 (1), 16-10 (1), 17-04 (2), 17-06 (2), 17-07 (1), 17-08 (3), 17-09 (1)
tenía	17-03 (1), 17-10 (1)
tenían	17-10 (1)
tenis	18-01 (1), 19-05 (1)
tenme	17-09 (1)
tercer	15-02 (1)
tercera	15-02 (1)
tercio	14-07 (1)
tercios	14-07 (1)
terminado	11-10 (2), 14-10 (4), 17-01 (1)
terminando	11-10 (2)
terminaría	17-04 (1)
terminó	17-10 (1)
terminología	17-09 (1)
termómetro	10-08 (2), 19-01 (1)
terno	11-03 (1)
terraza	18-03 (1)
terrible	17-08 (1)
tetera	19-03 (1)
texto	18-01 (1)
ti	10-02 (2), 16-03 (1), 16-10 (1), 17-04 (2)
tía	17-10 (1)
tiempo	10-08 (2), 14-03 (2), 14-10 (4), 16-01 (2), 16-03 (1), 16-04 (3), 16-06 (2), 16-07 (5), 16-09 (1), 17-03 (1), 17-04 (1), 17-06 (1), 17-09 (1), 17-10 (1)
tienda	9-06 (4), 10-10 (1), 13-03 (1), 16-06 (2)
tiene	9-01 (1), 9-10 (2), 10-01 (1), 11-01 (1), 11-04 (4), 11-06 (4), 12-01 (1), 12-02 (2), 12-05 (2), 12-07 (1), 12-08 (9), 12-09 (7), 13-01 (2), 13-05 (1), 13-06 (16), 14-01 (1), 14-04 (4), 14-05 (12), 14-08 (3), 14-10 (2), 15-01 (6), 15-04 (1), 15-09 (7), 16-02 (3), 16-06 (1), 16-10 (2), 17-01 (1), 17-02 (2), 17-03 (2), 17-05 (2), 17-06 (1), 17-08 (3), 17-09 (1), 17-10 (5)
tienen	9-01 (3), 10-03 (1), 11-04 (1), 11-08 (1), 12-01 (1), 12-05 (2), 14-09 (1), 16-02 (1), 16-03 (1), 17-02 (2)
tienes	10-10 (1), 14-04 (1), 14-05 (3), 16-10 (1), 17-02 (1), 17-04 (1),

	17-05 (1), 17-06 (1), 17-07 (1), 17-08 (1)
tierra	11-06 (1), 12-01 (1), 13-09 (1)
tijeras	19-06 (1), 19-09 (1)
tipo	9-01 (4), 9-03 (4), 12-08 (10), 14-03 (4), 16-04 (5)
tipos	9-01 (4)
tira	9-09 (1), 11-01 (1), 11-05 (2), 12-06 (4), 16-09 (2)
tiraban	17-10 (1)
tirada	16-09 (1)
tirado	10-05 (1), 14-05 (1)
tírala	17-01 (1)
tírale	9-07 (1)
tírame	9-07 (1), 17-01 (2)
tíramela	9-04 (1)
tirando	10-05 (1), 11-02 (2)
tirar	10-05 (2), 14-05 (1)
tiro	19-05 (1)
tiza	18-01 (1)
toalla	9-07 (2), 10-01 (2), 10-04 (1), 10-06 (1), 12-06 (1), 12-09 (2), 13-08 (4), 15-03 (4)
toallita	10-01 (4), 10-07 (2)
toallitas	10-04 (1)
tobillo	18-04 (1)
tobogán	18-01 (1)
toca	11-04 (1), 16-03 (1)
tocacasetes	18-02 (1)
tocadiscos	18-02 (2)
tocado	14-10 (4)
tocando	12-05 (4)
tocar	12-07 (1)
tocino	18-10 (1)
tocón	18-09 (1)
toda	17-09 (1)
todas	12-08 (1), 16-10 (1)
todavía	10-06 (2), 11-08 (2), 14-01 (1), 14-10 (7), 16-04 (1), 17-01 (1), 17-02 (1), 17-06 (2), 17-07 (1)
todo	13-01 (5), 13-07 (1), 16-09 (1), 17-01 (1), 17-03 (1), 17-06 (1), 17-08 (1), 17-09 (2), 17-10 (1)
todos	9-01 (1), 11-06 (1), 11-07 (1), 16-07 (4), 17-03 (1), 17-05 (2), 17-10 (1)
Tokio	10-08 (1)
toma	9-08 (2), 9-09 (1), 10-01 (6), 10-10 (1), 12-02 (1), 12-04 (1), 12-06 (2), 14-05 (1), 14-08 (3)
tomacorriente	18-02 (1)

tomado	17-06 (1)
tomados	11-04 (2)
tomando	14-04 (2)
tomar	17-10 (1)
tomate	18-10 (1)
tomates	10-06 (1), 19-07 (1)
tomó	17-02 (1)
tónico	17-06 (1)
tonto	16-10 (1), 17-07 (1)
toques	9-04 (1)
torcido	11-09 (2)
torcidos	11-09 (1)
tornillo	19-06 (1)
tornillos	19-06 (1)
toronjas	19-07 (1)
torpe	17-07 (1), 17-10 (1)
torre	11-08 (1), 18-05 (2)
torta	12-01 (1), 13-05 (1), 14-06 (1), 16-02 (1), 17-09 (1), 18-10 (1)
tortugas	12-10 (1)
tosiendo	14-04 (1)
tostada	11-09 (1), 18-10 (1)
tostador	18-02 (1)
trabaja	12-05 (1), 14-09 (1), 15-05 (2), 17-02 (1), 17-10 (1)
trabajador	17-06 (1), 17-10 (1)
trabajan	16-03 (1)
trabajando	9-05 (1), 10-03 (1), 17-10 (1)
trabajar	9-03 (2), 14-06 (2), 16-01 (1)
trabajas	17-09 (1)
trabajo	9-03 (4), 11-03 (1), 15-02 (1), 16-08 (1), 17-08 (1), 17-09 (1)
tractor	19-08 (1)
tradicional	11-03 (4)
trae	11-01 (1), 16-02 (1)
tráeme	12-06 (1)
traga	12-07 (2)
tragando	12-07 (2)
tragos	12-07 (3)
traído	17-10 (1)
tráigame	9-04 (1), 11-01 (1)
traje	16-01 (1), 17-10 (1), 18-06 (1), 19-09 (1)
trajes	11-03 (1)
trajo	17-08 (1)
trampolín	18-01 (1)
tranquilidad	16-10 (1)
tranquilo	16-10 (1), 17-03 (1)
transporte	9-03 (2), 14-03 (2), 16-04 (4)
trapo	15-03 (4), 19-03 (1)
trasera	19-01 (1)
traseros	19-01 (1)

trata	9-10 (1), 15-10 (7), 17-07 (1), 17-08 (1)
tratando	9-10 (1), 15-10 (8), 16-09 (8), 17-03 (1)
tratar	15-10 (1)
trate	17-08 (2)
trató	15-10 (4), 17-10 (1)
través	15-06 (4)
trébol	18-09 (1)
treinta	10-09 (2)
tren	10-03 (7), 13-03 (1), 17-04 (1), 17-09 (1), 19-08 (1)
tres	9-08 (1), 10-09 (5), 10-10 (1), 12-04 (1), 13-01 (1), 13-06 (1), 14-09 (1), 15-07 (1), 16-01 (1), 16-06 (1), 17-01 (1), 17-04 (1), 17-08 (1), 18-05 (1), 19-08 (1)
triángulo	15-09 (2), 19-10 (1)
trigo	19-07 (1)
trineo	19-05 (1), 19-08 (1)
triste	15-01 (5)
trompeta	12-07 (1), 18-01 (1)
tronco	18-09 (1)
tropieza	11-01 (1)
truco	17-07 (1)
tu	14-05 (2), 16-10 (2), 17-01 (2), 17-02 (3), 17-03 (1), 17-04 (1), 17-05 (1), 17-06 (1), 17-08 (1), 17-10 (3)
tú	9-06 (11), 9-07 (1), 9-11 (1), 10-02 (1), 10-11 (1), 16-10 (3), 16-11 (1), 17-03 (3), 17-04 (2), 17-05 (2), 17-08 (1), 17-10 (3)
tulipanes	18-09 (1)
Turquía	18-07 (1)
tus	17-03 (1), 17-05 (1)
tuviera	12-09 (11), 16-10 (1)
tuyo	9-04 (1)
Ud.	17-06 (1), 17-07 (1), 17-10 (1)
última	11-10 (1), 17-04 (1), 17-07 (1), 17-08 (1)
últimamente	17-01 (1)
último	11-10 (1), 15-07 (2), 17-07 (1), 17-10 (1)
un	9-01 (1), 9-02 (2), 9-03 (22), 9-05 (6), 9-06 (4), 9-07 (3), 9-08 (4), 9-09 (12), 10-01 (2), 10-03 (9), 10-04 (3)...
una	9-01 (3), 9-02 (4), 9-03 (12), 9-04 (1), 9-05 (2), 9-06 (16), 9-07 (5), 9-08 (2), 9-09 (7), 10-01 (6), 10-03 (4)...
unas	10-03 (1), 13-05 (4), 13-09 (1), 16-05 (2), 19-08 (2)

122

Notas

Notas

Notas

Notas

Notas

Notas

Notas

Notas

Notas

Notas

Notas

Notas

Notas